给教师的读写建议

汪智星 著

U0732583

江西教育出版社
JIANGXI EDUCATION PUBLISHING HOUSE
·南昌·

赣版权登字-02-2024-614

图书在版编目（CIP）数据

给教师的读写建议 / 汪智星著. -- 南昌 ： 江西教育出版社，2024.11.（2025.5 重印）-- ISBN 978-7-5705-4161-4

Ⅰ.G451

中国国家版本馆CIP数据核字第2024MW5469号

给教师的读写建议
GEI JIAOSHI DE DUXIE JIANYI

汪智星　著

江西教育出版社出版
（南昌市学府大道 299 号　邮编：330038）

出 品 人：熊　炽
责任编辑：俞霖霞
美术编辑：张　延

各地新华书店经销
江西千叶彩印有限公司印刷
710 毫米 ×1000 毫米　　16 开本　　12.25 印张　　174 千字
2024 年 11 月第 1 版　　2025 年 5 月第 2 次印刷

ISBN 978-7-5705-4161-4
定价：50.00 元

赣教版图书如有印装质量问题，请向我社调换　电话：0791-86710427
总编室电话：0791-86705643　　编辑部电话：0791-86708350
投稿邮箱：JXJYCBS@163.com　　网址：http://www.jxeph.com

序

近日，收到好友汪智星的邀请，希望我为他的第9本教育专著《给教师的读写建议》作序。面对这样一位爱读、爱写、爱思考，能吃苦、有毅力的教师，我没有理由拒绝，只好"勉为其难"，但我有自知之明，深知自己学识、水平恐难承其事，不足以点评此书，故仅取与智星同志交往之二三事，回忆一下，描述一番。若素未谋面之读者能从中感受一二，进而增加读此书之兴趣，增加了解汪智星其人的兴趣，则我亦知足矣！

汪智星乃江西婺源江湾人，现任职于南昌市东湖区教师发展中心。江湾者，何地也？有学识广博者必知，乃山水清秀之地，人杰地灵之乡，蕴灵运，出伟人。智星生于之，长于之，自涵佳运。因工作原因，我曾于三年前去了趟婺源。虽然只有两天的短暂停留，但是婺源这个享有"千年书乡"美誉的地方给我留下了极为深刻的印象。走进婺源的村落，青山绿水中的古朴建筑、粉墙黛瓦中的质朴百姓，无不透露出浓浓的书香气息。那里有"一门九进士，六部四尚书"的传承佳话，也有"出门耕田，归家读书"的质朴习俗。婺源人喜欢读书，崇尚读书。婺源民间有谚语："山间茅屋书声响，放下扁担考一场。"南宋诗人赵师秀在《徽州》中写道："处处楼台藏野色，家家灯火读书声。"著名理学家朱熹在《观书有感》中写道："问渠那得清如许？为有源头活水来。"喜欢读书，热爱读书，人人成为"读书人"，家家成为"读书人家"，是婺源人世世代代的梦想与追求。

作为一名土生土长的婺源人，智星老弟从婺源县江湾镇洪坦村委会汪家村走来，从婺源乡村小学的一名农村教师，一步一步成长为江西省会南昌市的语文特级教师、教研员，并一步一个脚印地前行在全国名师的道路上，其学习的刻苦、性格的坚韧与执着，我是非常钦佩的。如果说其成长、成功的背后有什么秘密和诀窍？善思与勤奋两个词我是知道的，其他的我尚未知晓，但是，媒体的报道或许可以让我们看到更多的东西。

汪智星喜欢写作，近年来在多家媒体上都有文章发表。2022 年 1 月 7 日，《中国教育报》发表了他自己的文章《一个人，一辈子，一件事》。文章中，他是这样描写的："阅读、写作、实践，成了我生活中不可或缺的一部分。每天晚上坚持 3 个小时的阅读和写作，成了我雷打不动的习惯。因为喜欢，所以坚持；因为坚持，所以更加喜欢。正是这份刻在骨子里的喜欢，才让我每一个教书育人的日子，每一个思考、琢磨、研究小学语文教学的日子，变得快乐、幸福，甚至享受。"

2024 年 7 月 10 日，汪智星撰写的长篇文章《我的专业成长"八字诀"》发表于《中国教师报》上。在这篇文章中，他总结了自己的经历，提出了教师专业成长的"八字诀"，即倒逼、坚持、挑战、享受，引起了全国广大教师队伍中的同道者的极大共鸣。他在文章中这样叙述："2010 年 9 月，我从老家婺源调入省会南昌从教。14 年里，我给自己确定了具体的读书、写作时间，就是每天晚上的 9：00—12：00。3 个小时的读书、写作时间，雷打不动。此外，双休日、节假日也几乎用于读书、写作。有人问我，你是怎么做到的？因为我有'三不会''四喜欢'。'三不会'指的是不会打牌、不会打麻将、不会玩游戏;'四喜欢'指的是喜欢读书、喜欢思考、喜欢上课、喜欢写作。14年如一日,读书、思考、上课、写作,成了我生活中不可或缺的一部分。"由此可见,读书是他的一大兴趣,同时,我还要说,会读书,是他的特点。这也许就是婺源这个宝地给予他的最大馈赠。

正因为如此,他才能笔耕不辍,持续不断地写书、出书。今天,他的第9本教育专著《给教师的读写建议》又将出版了,这是对智者的褒奖,也是对他劳动的肯定。天将降大任于斯人也,必先苦其心志,劳其筋骨!

我认真阅读着书中的每一篇文章,每一行文字,是欣慰,是感动,更是一种学习。

他说:"我做教师,就要做一名像斯霞、霍懋征、李吉林、于永正那样人格高尚、专业能力高超的好教师。"说得多好呀,志存高远不流俗,又红又专育桃李!一名好老师,一名新时期合格的教师,不正应该有这样的精神追求和责任吗?习近平总书记提倡做"大先生",号召广大教师努力践行教育家精神,我看,汪智星正走在这样的路上。

智星说,要想成为好老师,首先要让自己成为读书人!"常提醒自己:'今天,你读写了吗?'要让读、写伴随自己,成为生活的一部分。教师要因读而变得厚重、深邃,因写而变得敏捷、智慧。要努力成为真正意义上的读书人,让我们的家庭成为'读书人家',在全社会营造出浓厚的读书氛围,让书香浸润着每一个人。"

"什么是阅读品质?它是阅读兴趣、阅读习惯、阅读能力等积极阅读因素的最佳整合。"一个读者若拥有良好的阅读品质,他的阅读就会博大精深而有节奏。"需要慢读时,他的思考就会聚焦,就会深入,在字里行间反复来回,读之、思之、琢之、悟之;需要快读时,他的眼光就会在语言文字间犹如扫描仪一样快速扫过。拥有良好的阅读品质,读者便能在慢读和快读中自由穿梭。"

"有着强烈的阅读敏锐感的人,能感受到书本里的千滋百味。""在书海里,在文字间,你的灵魂时刻在惬意游走,你的内心有种莫名的充实,你的眼界会更加开阔,你的心胸将更加宽广。当你的思考、观点、情感与书里的语言一次次产生共鸣时，你将会产生无限的力量。这种力量会让你对书籍痴迷，甚至入魔。"

《给教师的读写建议》一书里，有读写故事的娓娓讲述，有读写主张的深入阐述，有读写观点的科学分析，相信大家读到这些文字时，一定会有自己的感受，品味出属于自己的味道。

书山有路勤为径，学海无涯读作舟！写下此文，既表达对汪智星的祝贺，也表达对他的敬意。愿大家都成为真正的"读书人"。

权且为序！

吕同舟

2024 年 8 月 10 日于北京

目　录

第二章　谈谈读书的那些话题

第三章　聊聊读书的那些事儿

第四章　卓越名师的读写故事

后记

第一章　要做真正的读书人

今天，你读写了吗

2023 年 4 月，江西省举办了首届全民阅读大会，我有幸受邀参加。

活动现场的正中间是一块巨大的 LED 电子屏，上面写着"江西省首届全民阅读大会"。电子屏的正上方横挂着一条标语："4·23"世界读书日。当时的我望着上下两行文字，不禁开始琢磨。

何为阅读？从字面上看，"阅"是看，"读"是读。阅读，就是看看、读读而已。但若生活中的每一个人对书籍只是看看、读读而已，那他们断然无法真正理解、感悟书里的精彩、精华之处。"世界读书日"想要倡导的显然不只是阅读。我的理解："读"强调阅读，"书"则强调"写作"。真正的读书人不仅是一个持之以恒的阅读者，还是一个乐于写作与表达的人。不言而喻，做一个真正的读书人，比做一个阅读者，更有潜在的价值意义。这又不禁让我想起老家婺源的老辈人，他们常常告诫年轻人要做读书人。难怪老家婺源乡间流传着这样的诗句："山间茅屋书声响，放下扁担考一场。"在"书乡"婺源，人人是读书人、家家是读书人家的画面是令人羡慕的。

做一个读书人，就要做到既会读又会写。读而不写，眼高手低；写而不读，手高眼低；既读又写，眼高手也高。生活中，希望自己成为读书人的定有很多。然而，有想法的人很多，真正做到的人很少。

谈到读书，教师这个庞大的群体更需要形成一种高度的读书自觉。每一个教育人都要把读书作为工作或生活中的一部分。读书，不应该一味地靠外界因素的"强迫"，应成为教师成长过程中的一种自然的内在需求，教师要明确这是职业的应然责任与使命。

但事实是，真正能够潜下心读书的教师并不占主流。一部分教师把读书理解为一般性阅读，看看、读读而已，只是为了看看书里的精彩情节以消遣；一部分教师读书是因接受了相应的工作任务，比如要参加某项比赛，得完成任务、实现目标；还有一部分教师几乎不读书。看看、读读的教师，能够因看看、读读而从中受益，但效果却非常不明显；任务驱动型的教师群体，通过读书，他们能看到自己阶段性的成长与进步，但难以形成读书自觉；几乎不读书的教师，在工作中往往是糊里糊涂，仅凭过去的陈旧知识或经验完成教学任务，日日重复、毫无改变，做一天和尚撞一天钟。

教师要想成为真正的读书人，更好地履行教书育人的责任与使命，可以从以下三个方面尝试。

一是牢记读书使命。

教师肩负着教书育人的职责，作为教师，读书是一种责任与使命。教师不读书，拿什么传道、授业、解惑？凭什么指导、启发、唤醒？教师不读书，仅凭自己在学校所学教书育人，无须太久，就会成为教书育人的"矮子"。不读书的教师，教书育人的理念会快速滞后，教学方法策略也易僵化、固化。那些爱读书的教师总是极受学生欢迎，他们的课堂总能常教常新。在教师的有效组织下，学生总能成为课堂学习的主人，主动、积极、有滋有味地参与学习。

有人把教师分为"积德"和"缺德"两类。"积德"的教师始终坚持读书，把自己所读、所学的教学经验成果不断优化，转化为自己的教学行为，学生在他们的引领、指导下，学有所获、享受成功。这样的教师是勤业的、敬业的、精业的，他们教的学生对学习充满着向往与渴求。"缺德"的教师只会一味懒业、嬉业甚至荒业，他们在课堂上自己都找不到东南西北，得过且过，虚掷年华。学生在他们的长期影响下，成长停滞、兴趣了无、学无方法、没有长进。这种现象出现的重要原因就是教师没有成为真正的读书人。长期不读、不写，教师的眼光就会变得短浅，其思想就会不断落后。于教师而言，这就是读书使命的淡化，甚至缺失。

二是唤醒读书愿望。

要让教师群体爱上读书，就要想方设法唤醒教师群体的读书愿望。要唤醒教师群体的读书愿望，光喊口号是远远不够的，得有可行的策略。

任务驱动式读书。这并不是什么新颖的策略，但在实施过程中，这一招确是成效显著。如某地教育局曾组织教师进行一次学科理论笔试竞赛，在竞赛前，主办方请学科领域内真正爱读书的优秀教师推荐相关学科理论书籍。主办方也给出明确的读书任务：要读懂书中的内容，要品读书中文字表达的内涵，更要读懂书中语言表达形式的规律。因此，理论笔试竞赛卷上的题目设计就不能仅限于选择、填空，更要精心设计论述题、辨析题，倒逼教师把书读全、读深、读透，逼着教师不仅要读得进去，积极思考，最后还能写出点儿东西。

群体共读一本书。群体共读一本书的最大优点在于：书读完后，可写、可表达、可交流的共同话题会更多。人与人之间有着说不完的话，往往是因为在交流中有着相同的话题或对同一话题有着相同、相似或相反的理解与思考。群体共读一本书后，最起码能做三件事：第一，共读一本书后，可以写一写。读后感的写作可以让每一个读书人对书的理解更深、更透，能让思维在读书过程中进行发散性或聚焦性训练。第二，共读一本书后，可以说一说。读者可以围绕书里的某一观点，面对面对话、交流，彼此阐述自己的理解与思考，这样的"说一说"，能解决"读一读"后的许多困惑，让"读一读"不再浅尝辄止。第三，共读一本书后，可以辩一辩。读后辩一辩，绝非要把对方"踩"下去或彻底否定对方的观点与思考，而是通过有益的聚焦性辩论，让许多不一致的观点越辩越明，最后达成共识，实现教师读书智慧结晶的采撷。

养成读后写作的好习惯。光读不写，眼高手低。读的是别人的作品、别人的观点，而写就是对别人观点的再思考，就是对别人观点的一种升华。因此，写作更能给读者带来成就感。一篇篇读后写出来的文章，因有着自己的思考，读者会倍加爱惜。长期坚持读后写作的习惯，能让教师成为教书育人的"巨人"，有思想、有理念、有策略、有行动。当然，教师读后写作并不是为写而写，写作应是为了让读、思得到升华，使其更有价值。

三是形成读书自觉。

会教书、能教书、善教书的教师，都有着极为自觉的读书习惯。读书之于他们，犹如阳光和空气一样，是生活中不可或缺的一部分。教师要成为真正的读书人，形成良好的读书自觉是关键。

不爱读书的教师大有人在。如何把这部分人从不爱读书改变成爱读书？

一是要消除教师的读书畏惧感。不爱读书的人，往往是怕读书。对他们而言，读一读还行，读后还要写，是烧脑、痛苦的事。这些有着读书畏惧感的教师要在读书时间和空间上赋予自己更大的自由。只要愿意捧起书来读，就迈出了成功的第一步。

二是同伴要互助，共同向前。同一个年级备课组的教师，可以在某一阶段内选择一本书共同阅读，读完后组内成员互相分享阅读感受。共读书、共交流、共分享，从中不断感受读书的乐趣与滋味。

三是要适时把教师推向群体的中央。在读书交流中，要适时地把一些不爱读书的教师推向群体的中央，让教师感受到被关注，让教师体会到读书分享是自己读书成果及价值的呈现，让教师能够看得见自己因读书而取得的进步。

能自觉读书是读书的一种最佳状态。于不爱读书的人而言，形成读书自觉有很大难度。正因为有很大难度，所以能形成读书自觉是难能可贵的。对于有着一定读书能力与较好读书习惯的教师而言，也需要不断强化自己的读书自觉。

坚持为先。读书人，强调恒为贵。"三天打鱼，两天晒网"，断然不行。

坚持一个月、一年，或是三五年，也都有可能半途而废。唯有一辈子，日日读书、月月读书、年年读书，才是读书自觉的终极体现。

方法为要。成为读书人，需要选择良好的读书方法。关于读，学者朱熹的"朱子读书法"是教师永远可践行的方法，即循序渐进、熟读精思、虚心涵泳、切己体察、着紧用力、居敬持志。关于写，我有自己的切身感受：起初，写是挺痛苦的事儿；后来，写的体验是痛而后快的；到最后，写其实也是熟能生巧的活儿。

成就为重。在养成读书自觉的过程中，要让教师看到自己因读、因写带来的一次次小小的成功。每一次因读、因写后感受到的"小确幸"，是鼓舞教师读书劲头的无限力量。一次次"小确幸"的累积，终能实现教师读书的大成就。教师在一本本书的阅读中，有了自己新的思考与理解，能有效地把书里的精彩、精华转化为自己成长、成功的能量；教师在一篇篇或短或长的文章的写作表达中，让自己的经验得到总结提升，让自己的思想实现成熟升华。读书自觉是教师一生的主动修炼、积极修为。

不论是教师还是其他行业的人，要想成为读书人，就要从当下开始，常提醒自己："今天，你读写了吗？"要让读、写伴随自己，成为生活的一部分。教师要因读而变得厚重、深邃，因写而变得敏捷、智慧。要努力成为真正意义上的读书人，让我们的家庭成为"读书人家"，在全社会营造出浓厚的读书氛围，让书香浸润每一个人。

又读又写的教育人

这篇文章是在上一篇文章《今天，你读写了吗》完成后的再思考。当下，随着社会的快速发展，对教育人的要求也越来越高，这是教育发展，也是整个社会发展的一种必然。那个靠着一本教科书、一本教参书贯穿整个教学生涯的时代已经一去不复返。

刚参加工作的时候，我对如何上好课丝毫没有经验，因此，在每堂课的教学中，我都仅借助教科书和教参书对学生进行知识的传送与灌输。虽然是20世纪90年代末的事情，但今天当自己回想起那一幕幕时，总会心怀不安与懊悔。为什么呢？一个从不喜欢阅读、从不会写作的教师，哪来的勇气和自信，去给六年级毕业班的学生进行语文学科的教学？

20多年过去了，曾经的学生已成家立业。他们偶遇我的时候，还一个劲儿地感谢着我："汪老师，当年您对我们太好了。当年能遇到您这样的好老师，真是我们的幸运！"每听到这样的称赞，我总是勉强地笑着，内心其实深感惭愧。那时的我真不会教语文，在课堂上完全是照本宣科，尤其是作为语文教师的我，甚至根本没有阅读与写作的自觉意识及能力。

工作五六年后，我的语文课堂确实有了明显改变，教学质量也有了一定提升，我慢慢懂得并掌握了上一节好课的规律。如今，我在小学语文教学领域因长期的精耕细作，俨然已成为一个受学生欢迎的学科名师。回想成长过程，自己始终努力地坚持阅读与写作的习惯。成为一个真正的又读又写的教育人，我大概经历了三个阶段。

阅读的阶段：苦而后甜

刚从教时，我没有完整地读完过一本书。我的父亲是一名小学语文教师，因此，家里可读的书还是比较丰富的。然而，从上学开始直至师范毕业，我是从来不阅读的。也不知什么缘故，那时的我一见到书就头痛，一读到文字就眼花，根本看不进去。父亲喊我读书，我便难受，我总认为去大山里砍柴或下地干农活都比读书惬意百倍。我完整地读完的第一本书是《素质教育》，这本书是我工作月余后铁下心来花了近半个学期的时间"啃"完的。在"啃"这本书的过程中，我常常会读着读着，就把书抛到老远，心里嘀咕着："老子不读书，也能干革命。"这是气话，过了片刻，我又把抛到角落里的书拾起来，继续痛苦地"啃"着。在一次次"倒逼"自己把书读完的过程中，我真正体会到什么叫煎熬，什么叫痛苦。我经常读着读着就睡着了，在梦里，我反反复复地对自己说："还是放弃吧！不读了吧！实在坚持不下去了！可是……"醒来时，书还攥在手中，我是多么不情愿"啃"书啊！

万万没想到的是，几度"啃"书之后，在学校的一次教师现场教学论文比赛中，我竟得了全校第一名。那一刻，我瞬间意识到，原来这就是阅读给自己带来的成功和快乐。现在回想自己当时写的文章，内容已记不清楚，但可以肯定的是，我在文章中多处引用了苏霍姆林斯基、夸美纽斯、布鲁纳、叶圣陶、陶行知等中外著名教育家的教育观点，甚至把《素质教育》这本书里的一些经典的教育教学案例搬到了自己的文章里。就是这样的一篇文章，让我得到了全校第一名的成绩。今天回想起来，那次全校第一名的成绩给我最大的启发就是，我意识到阅读能够给一个教育人带来极其重要的价值与意义。书籍如同巨人，教育人只有时刻站在巨人的肩膀上向上攀登，才能少走弯路，才能走得自信，才能实现自我的发展与成功。

随着自己读的书越来越多，阅读于我已不再是痛苦的事，反而是一件能够愉悦身心的事，是能够从中不断寻求成功和快乐的事。这种由阅读带来的成功和快乐，我至今仍在一次次地回味着、享受着。阅读于我而言，是生活中不可或缺的一部分。

写作的阶段：痛而后快

从教后不久，我开始"逼"自己阅读，但对于写作却一直没有胆量和勇气，就是尝试一下也不敢。记得小时候上学时，因父亲是我的语文老师，所以每次写作文时，我总是向父亲请教。写开头时，我会问："开头怎么写？"父亲报着句子，我写着。写完了开头，写中间部分，我又问："中间部分怎么写？"父亲报着句子，我写着。写完了中间部分，最后写结尾，我又问："结尾怎么写？"父亲报着句子，我写着。每一次写作文，我都会被父亲严厉地训斥很久。

工作后，我从不爱阅读，到"倒逼"自己阅读，再到喜欢上阅读，中间有近六年的时间。其间，我读完了十余本教育教学方面的专著，也读完了四五本散文类的书。2001年的寒假，学校布置每名教师写一篇教学论文，开学初要进行评比。从构思、起草、完稿、修改、誊抄，我约莫花了三天时间。也不知什么原因，我当初写完那篇文章并没有感觉特别吃力，反而在写作的过程中会不自觉冒出一些想表达的冲动。更令自己意想不到的是，我的《立足质疑排难 开启创新之门》一文竟在全校一百余名教师中脱颖而出，排在了第一。当时，我甚至怀疑自己：我的写作水平真有那么高吗？不会是评委们评审时打错分了吧？分管校长把评选结果告诉我时还提醒我，我的文章质量高，可以尝试投到《江西教育》上发表。

现在回想，其实这都是前期近六年坚持阅读和写作的结果。三个月后，文章果然在《江西教育》上刊发出来了。我不仅仅兴奋，更是有了继续写作的自信。后来，我又持续写了近五年。我先后将一些成熟的文章向杂志社投稿，但遗憾的是，所有的文章都石沉大海，杳无音信。直至2006年，《小学教学》刊登了我的第二篇文章。之后，我的每一次投稿都是百发百中，从来都没有被退过稿。再回想，2001年至2006年这五年的时间里，我依然坚持阅读、写作。其间，我的写作水平日益提高，到了2006年这个节点，我自认为自己的写作达到了一个更高、更容易被编辑充分认可的水平，因此有了第二篇教学文章《"1037"习作指导课》的发表，至今，我先后发表了180余篇教学文章，出版了8本教育专著。我谙知，其中并无捷径，这些都是我持续阅读、写作的结果。

写作需要的是厚积而薄发。潜心阅读、专心写作，必能抵达柳暗花明的远方。

读与写的阶段：乐享其中

于我而言，既读又写的阶段没有特别清晰的时间节点，是一个自然而然就形成的发展状态。我深深地感受到：只要不停地阅读，自己的眼界就能打开，就能够看到许多教师看不到的新奇世界；不停地写作，自己的思维就会更加活跃，能想、愿想、善想，就能写出一篇篇与众不同的好文章，好文章都是巧妙构思后的成果。写作的状态和阅读的状态息息相关。

读是写的前提。没有进行过大量、系统的阅读，写作很难成体系，很难有逻辑，很难做到深入浅出。因此，作为教育人，作为具体的学科教师，日常应该读什么书，又该怎样读书，都得有讲究，必须有短期和长期的规划与安排。那种信手拈来、随机主义的阅读，那种总是为了消遣时光的阅读，于教师而言，都是要慎重的。

写是读的产物。这一点，相信所有阅读者都会有相似的体验。我总能在书中找到与内心所思所想产生共鸣的文字或观点，于是，内心深处就会产生不吐不快的强烈感觉。因此，我的许多教学文章都是自己在阅读相关书后所产生的一些更深刻的思考。这样的教学文章，起点是在他人成熟的观点之上，意义自然更为深远。文章不应是人云亦云，而应站位更高、阐述更深、表达更全。

读与写合而为一。阅读、写作看似是两个不同的层面，但其实当你阅读、写作到了一定程度时，二者便会相互促进，甚至相互融合。读着读着，想表达的欲望就越发强烈、清晰；写着写着，渴求阅读的欲望就更加主动、浓厚。一个真正成功的教育人，必须从关注读与写，到走向读与写，最后实现读与写。在读与写中遵循规律、发现奥秘，在读与写中实现自我、挑战自我、享受自我。

只有长期坚持阅读、持续写作，才能实现读与写二者的融合。读中写，写后读，读与写齐头并进，读与写相互融合，方可成就真正的教育人。

爱上书，才会与众不同

"爱上书，才会与众不同"这句话，定是许许多多爱读书的人所拥有的一种真切感受。你可不要把它当作一句口号。一个人要想与众不同，要想从芸芸众生中脱颖而出，就得爱上书，和书交朋友。正所谓"走遍天下书为侣"，只有爱上书，才能让自己时刻感到智慧的无限。

为此，我们不得不进一步追问：怎样让自己爱上书呢？这才是关键所在。只有真正爱上书，才能不让"爱上书，才会与众不同"成为口号。

我是一名小学语文教师，在执教初期，直言不讳地说，我从来不读书。换言之，就是跟书没有任何交集，对书没有任何感情，爱上书自然无从谈起。后来，我在小学语文教学与研究道路上又是怎样爱上书的呢？严格来说，主要经历了四个阶段。

一是最初产生了不读书的危机意识。

工作不到两个月，学校就组织全体教师进行教学经验文章现场写作比赛。全校十几名教师需要坐在一间教室里，依照校长布置的题目写作。不到半小时，我就将自己的一篇不到两百字的文章交了上去。然后，就独自去学校的泥土操场上打篮球。约莫过了两个小时，其他教师才陆续走出了教室。次日下午，操场一面被石灰粉刷过的墙上贴出了一张光荣榜。瞬间，光荣榜前面挤满了教师和学生。我从第一行往下看，竟发现自己的名字排在最后一个。这一刻，我的心脏跳得急促。我很羞愧，一名堂堂的师范毕业生，在全校教师教学经验文章写作比赛中得了倒数第一。回想起当天中午全校教师围坐着边吃饭边聊天的场景，我似乎明白了什么。一名中年男教师说："昨天晚上我的文章里引用了苏联教育家苏霍姆林斯基讲过的一句话。"我坐在桌边默默地听着，内心一阵愕然：啥？苏霍姆林斯基是谁？我怎么从来没听过这号人物。又一名青年教师说："我在自己的文章里引用了教育家叶圣陶先生阐述过的一个教育观点。"我又疑惑了。叶圣陶何许人也？我亦是闻所未闻。整个中午，同事们聊得很欢，我却一言不发。回想自己倒数第一的排名，我猛地意识到，这就是自己从来不阅读的结果。怎么办？要想改变"倒数第一"，要想和同事们一样能聊聊教育名家们的教育思想或观点，就得阅读，可是我不喜欢阅读呀！捧起书就打不起精神，看到一行行文字，脑袋就会嗡嗡作响。

二是逼着自己一本一本地"啃"书。

正因为自己不喜欢阅读，见到文字就会头晕，就会打瞌睡，为此，要想解决这一根本问题，我只有逼着自己一本书一本书地"啃"。我逼着自己"啃"的第一本教育专著是《素质教育》。现在回想，当时"啃"书的过程真是极其乏味，甚至是痛苦万分。读着读着，我就会走神，心里想象着在篮球场上奔跑、投篮的情景；读着读着，我就会无端地心生一股怒火，紧接着把书抛到房间的角落；读着读着，我就会不知不觉地睡着。在那段近两年不断逼自己"啃"书的日子里，我的内心逐渐趋于平静，眼界逐渐被打开。我在书里认识了苏霍姆林斯基、夸美纽斯、布鲁纳等国外的教育专家，也认识了叶圣陶、陶行知、霍懋征、斯霞、张田若、于永正等一批国内的著名的教育家和特级教师。尤其是他们在书里阐述的教育思想及教学观点、主张更是让我大开眼界。后来的一段时间里，我读过魏书生的一套共7本关于班主任管理的书籍，读过霍懋征、斯霞、于永正等一大批全国著名特级教师共同撰写的《著名特级教师教学思想录（小学语文卷）》。我逼着自己读书，逼着自己把读到的书中的好经验、好方法放在自己的课堂教学和班级管理中去积极内化，去主动实践。慢慢地，倒逼的过程从最初的"痛苦"变成"惬意"，因为每一次的教学实践总能给自己带来小小的成就感。

三是积极主动地汲取书里的营养。

当读的书达到一定量时，阅读的过程便成了一种自我享受的过程。我会主动去寻书读、去借书读，甚至在读完后会把整本书抄下来。一旦得到一本自己梦寐以求的书，我就会爱不释手，就会废寝忘食，不读完誓不罢休。当然，于我而言，阅读的乐趣绝不仅仅是知晓名师的观点，而是书中作者阐述的某一观点或主张常常能够和自己内心所思所想产生共鸣。有时我在教育教学过程中遇到了困难，左思右想也找不到解决办法，而自己在读书的过程中，竟发现作者也遇到过同样的困难，且早已在书中详尽分析了解决困难的多种可行路径与方法。那一刻，我释然了。一次次的读书思考与体验，让我深深体会着书籍的力量。

四是把在实践中形成的经验写出来。

真正的读书人应读写并重。人一旦经历过长期的阅读，加上长期的教学实践与思考，到了一定时候，就会产生一种写作的愿望。这种写作的愿望会随着自己读书量的增加及实践的积累而变得越发强烈。从此，我不仅坚持读，还坚持写。一篇篇教学经验文章是我对教育教学中某一具体的教育主张进行的深入浅出的阐述与分析，一本本教育教学专著是我对教育教学更加深刻、更加全面、更加系统、更加富有逻辑的思考。写着写着，就会发现自己对教育教学的认知更清晰，理解更深刻，自己在教育教学中的方向感会越来越强。

就是这样，我从一个最初丝毫不爱读书的教师，成了一个痴迷读书的教师。读书之于我，犹如阳光之于草木、河水之于鱼儿。自我改变的过程，也是自己作为小学语文教师不断成长、成熟、成功的过程。过程是缓慢的，但是进步也是能够看得见的。今天，回首一路前行的旅程，发现所有的进步都是一本一本自己读过的书或是自己写出的书搭筑而成的。

我想讲述的第二个话题：爱上书，会有怎样的与众不同呢？工作已 28 年的我，从一名乡村小学教师，成为特级教师，成为正高级教师，绝非靠运气。下面，我跟大家分享自己"与众不同"的三个方面。

其一，能力更高。

1997 年 10 月，我曾在山东济南观摩过于永正、贾志敏、武琼、孙双金等一批知名特级教师的教学课例展示。回想当时的听课感受，只有一句话：原来语文课可以上得如此有滋有味。当时的我，对特级教师的课堂只有羡慕，绝对不敢想将来自己也能像他们一样有如此精彩纷呈的课堂，但我立志要成为一名特级教师。后来，自己在实践与作文教学研究方面不断钻研，从最初提出并实践"游戏作文"，到"情景体验"式作文教学，到"情境写作课程"，最后到"会·慧"写作课程。持续地读，持续地写，持续地实践。2018 年，我与周一贯等教师的教育教学成果"教儿童需要的作文：'情景体验'式习作教学实践与研究"被评为江西省 2018 年基础教育教学成果奖一等奖；同年，由北京师范大学出版社出版的"教育家成长丛书"《汪智星与本真教育》被评为江西省第七届教育科学优秀成果奖一等奖。在实践与提炼学科教学主张方面，自己从最初提出"激情、务实、求活"，到"智慧、本真、清简"，再到"本真教育"哲学观，最后到核心素养导向的"本真语文"教学主张。这些都受益于自己不断地读、不断地写。如今，我也能像昔日羡慕的特级教师一样引领更多青年教师实现成长、收获快乐。

其二，魅力更强。

强调这一点，绝非王婆卖瓜——自卖自夸，而是想讲述自己的人格魅力因读书而不断变化，被身边的领导、同事肯定与称赞的经历。从教之初，我自认为我性情顽劣。那时，我的性情跟教师的身份是格格不入的，想成为特级教师更是异想天开。后来，为什么自己能够很快改变，并且成为备受大家认同与赞许的教师呢？这和我爱上阅读密切相关。书中作者笔下主人公智慧、善良、宽容、谦虚、果敢等的美好形象和优良品质常常无声地影响、感化着我。不知不觉中，我就会以他们为镜，并常常对比自己。长此以往，自己的言谈举止、待人接物的方式都在慢慢改变，身上充满了正能量。在生活或工作中，当遇到一些不良的现象时，我也会主动抵制，坚守自己的正确立场。慢慢地，那些愿意向我靠拢的人，都是和自己志同道合的人。

其三，生活更美。

我向往、追求美好的生活。在我看来，美好的生活是充实的、幸福的。高官、厚禄绝非我向往并努力追求美好生活的初心。我向往的生活主要有以下特质：一是简单。没有太多的期望，三餐饱腹，有书为伴，就心满意足。白天上班，有条不紊，想事、谋事、做事，事事落实，力求卓有成效；晚上在家，伏案读书，读而后思，思而后写，写而后读，简简单单，循环往复，充实而快乐。其余的时间，或小区健步，或家长里短，也慰心绪。二是执着。我做什么事，从不会"三天打鱼，两天晒网"，而是持之以恒，"咬定青山不放松"。每天健步走，总定在每晚七点至八点，风雨无阻；每天伏案读书，总定在每晚九点至十二点，雷打不动。因为坚持，所以越来越喜欢；因为喜欢，所以越来越坚持。三是豁达。生活中常遇到某些同事或朋友，甚至是一些领导，处于郁闷的状态。例如，有的同事为了职称评聘，天天记着，日日念着，常抱怨或发牢骚。于我而言，我总认为生命中所有的事物都要用一颗平常心去对待，顺其自然。只要自己为之努力过、奋斗过、拼搏过，就是最难得的。心胸豁达一些，对万物就会看淡一些，若是真正看淡，就不会患得患失，生活也就会简单一点儿。

真能让自己爱上书，就能实现与众不同。其实，与众不同也是相对而言的。我以为，爱上书，能让人走向更高层级。就像我，爱上书后，我的能力更高、魅力更强、生活更美了。当继续执着于阅读、沉迷于写作后，我又会怎样呢？那应该是另一个层级的"与众不同"，或是更高层级的"与众不同"。

一个人须先解决"怎样爱上书"的问题，"与众不同"自然水到渠成。"爱上书，才会与众不同"绝不能成为口号，应化为每一个人的实践行动。

快读十本，不如慢读一本

2023 年 12 月的一天，我被邀请参加一次评审活动。评审未开始前，评委们三五人聚在一起畅聊着。这时，一名教师的说话声引起了我的注意。他称自己是一个特别喜欢阅读的人，并说自己近七八年，每年阅读各类书籍的数量在 50 本以上。

正当他讲述着自己如何热爱阅读及阅读书籍数量非常多时，我不禁产生怀疑。他如此热爱阅读，且一年阅读书籍的数量在 50 本以上，为什么在各类教育杂志上看不到他的教学文章呢？我并非质疑他对阅读的热爱程度及阅读数量，而是质疑他这份热爱是否产生了积极的阅读价值。

阅读可以开阔读者的视野，提高读者的能力与素养，真正的阅读是需要读者边读边思考的，在读中思，在思中读。唯有如此，阅读才能产生真正的价值。阅读多了，积累就会丰厚，厚积才能薄发，这便是积极阅读的真正规律。读了七八年的书，每年均在 50 本以上，在教育期刊上却很少看到这名教师的作品，这不得不让人怀疑他对阅读的热爱程度及阅读数量的真实性。

有人会说，他也许就是喜欢阅读，却不喜欢写作。这一点，我想只要是真正热爱阅读、善于阅读的人，都不会有如此想法。读者会有写作冲动和表达欲望，很多情况下都是因为在阅读相关作品时，读者的思想、情感、经历、经验与作品中相应的内容产生了强烈的情感共鸣。

针对这名教师关于自己热爱阅读的观点表达，我提出自己在阅读中得来的建议，即快读十本，不如慢读一本。在工作初期，自己能阅读的教育专著少得可怜。1999 年 9 月，我从县教研室小语教研员处借来两本教育专著：一本是《著名特级教师教学思想录（小学语文卷）》，另一本是《于永正课堂教学实录》。我花了近半年时间，终于把这两本专著读全、读透。读完这两本教育专著后，我对书中谈及的国内许多特级教师的教育思想、教学主张有了较为深刻的理解。

2001 年，我第一次站在全国教学竞赛的舞台上，工作仅 6 年的我所执教的阅读课例《草船借箭》获得了一等奖。那次教学竞赛后，我反思着自己的课堂，认为自己有三点比较成功：一是课堂上注重引导学生主动围绕教学内容提出问题，有效实现"学贵有疑，小疑则小进，大疑则大进"；二是课堂上始终注重以学生为中心，让学生的学习在课堂上真实地发生；三是课堂上没有琐碎的提问，而是能够引导学生针对文中的关键内容提出关键问题，实现了以中心问题有效统揽课堂的教与学。

让自己的课堂教学凸显自己的教学风格的这一想法就是在阅读这两本专著后产生的。读完这两本专著后，我越发清晰地认识到，衡量教师是否优秀的标准在于这名教师是否能在课堂教学中形成自己独特的教学风格，确立自己的教学主张、教育思想。

于我而言，慢慢地读、细细地思，才能把读过的每一本书里的思想精华充分汲取，全面内化。后来，在持续的阅读积累和教学实践中，我不仅经历了从"情趣型"的"激情、务实、求活"的教学风格，到实现"情智型"的"智慧、本真、清简"的教学风格的转变提升，还提出了"本真教育"哲学观，确立了"本真教育"哲学观下的"本真语文"教学主张。这些都是自己一本一本细读教育类书籍的结果。

提出"快读十本，不如慢读一本"的阅读观点，有以下三点思考：

第一，阅读不能走马观花，要"牵马观花"。

阅读是需要细读细品的。只有把阅读的速度放慢，才能读出自己的思考，才能把书读进去。要在字里行间走一个或多个来回，汲取书中的精华。否则，阅读就是看看内容，甚至是浏览一下精彩内容或环节，这自然是不能得书中要领的。

第二，阅读不能只读文字，要体悟内涵。

读书，只停留在文字的表面，知道文字叙述了什么，而对文字背后表达的情感、意义、价值、内涵全没有深入理解与感受，至于文字表达时隐含着的内在表达形式与规律更没有细细体悟与探究，这样是不对的。我想，只有把书读得慢一点儿，给阅读更多的时间与空间，才能让书中某些语言文字背后的内涵意义等逐渐清晰。

第三，阅读不能只求数量，要力求质量。

若一个教师一个月能认认真真地读完一本或两本书，一年就可以读完12本或24本。全面、深入阅读教育专著，对教师的教学素养和教学能力提升是很有价值的，当然读其他类型的书也是一样的。工作第五年时，我根本不会写散文、小说，但在花了整整一个月读完作家洪忠佩的散文集《感谢昨天》后，我竟主动提笔写下《母爱如歌》《脚下的鞋》《绿洲变"天堂"》等十余篇散文。文章先后在《上饶日报》《上饶广播电视报》上刊发后，我才慢慢知道自己写的这些文章属散文类文体。不求阅读数量，力求阅读质量，就是强调读一本书要有一本书的收获，绝不能读完一本书后依然脑袋空空。

我提倡慢阅读，并不是全盘否定快阅读。许多情况下，快速阅读也是有一定作用的。如果说读者需要在一定时间内对整本书或是整篇文章的内容有一个准确的理解与把握，这就需要其拥有快速阅读的能力。可见，阅读速度的快慢是由读者的需求而决定的。

回想起前面提到的那名称自己特别喜欢阅读，且一年的书籍阅读量在50本以上的教师。如果他对每一本书都能做到边读边思考，对每一本书的精彩观点都能做到精准捕捉，对每一本书中的先进理念都能做到积极内化，那他在一年或几年后，自身的语言积累、素养、能力、眼界都会发生质的改变。事实上呢？教师阅读量很大，产生的阅读成效却是一般而已，最起码这个教师没有一定的写作成果。既然如此，还是有必要提倡慢读书的，把读书的速度适当放慢，在阅读中给自己有效积累与思考的时间。在实际阅读中，我会从以下三个方面进行思考与实践：

一是基于阅读能力调整自己的阅读速度。

每个人的阅读能力是有差异的，有的差异还特别明显。为此，想要调整阅读速度，实现慢阅读，就得充分尊重因人而异的阅读能力差异。阅读能力强的，可能一个星期就能汲取一本教育专著里的全部精华；阅读能力一般的，可能要半个月或一个月，才能把一本教育专著读全、读深、读透；阅读能力相对差的，需要反复阅读，才能对书的主要内容有一个较为全面的理解与思考。阅读速度需要尊重自身的实际情况与个体需求。

二是基于阅读习惯调整自己的阅读速度。

对于阅读者而言，养成良好的阅读习惯是至关重要的。不好的阅读习惯如果不改变，阅读速度就很难调整好。有的学生到了高年级，还存在点读或数读的现象。这样的阅读习惯一旦形成，对学生而言会一生受害。当然，我反对让小学生养成一目十行的阅读习惯。一目真能十行吗？真正的阅读不同于浏览。浏览是为了提取有效信息，学生对文本的基本内容都没有较全面的把握与理解，怎能提取出有效、关键的信息？快速浏览需要建立在学生对文本有较为全面的感知与理解的基础上，若需要对某一具体信息进行搜集或提取，快速浏览是有意义的，它能帮助读者在最短的时间内实现阅读目标。

三是基于阅读品质调整自己的阅读速度。

什么是阅读品质？它是阅读兴趣、阅读习惯、阅读能力等积极阅读因素的最佳整合。一个读者若拥有良好的阅读品质，那么他的阅读速度是能实现因需而定，甚至是随心所欲的。需要慢读时，他的思考就会聚焦，就会深入，在字里行间反复来回，读之、思之、琢之、悟之；需要快读时，他的目光就会犹如扫描仪一样在文字间快速扫过。拥有良好的阅读品质，读者便能在慢读和快读中自由切换。

提出"快读十本，不如慢读一本"的阅读主张，是我在长期阅读中总结出的一种真切的阅读体悟。即便如此，我的这一阅读主张也并非绝对。阅读的速度还是要根据读者已具备的阅读兴趣、阅读习惯、阅读能力等具体因素而定。

不动笔墨不阅读

当大家看到"不动笔墨不阅读"这句话时，我想，你们一定明白其意义所在。在阅读时真正养成不动笔墨不阅读的习惯，读书的效率自然就会很高。

事实上，许多人对这句话的理解是有偏差的。总以为，不动笔墨不读书，就是在阅读时要拿笔在书本上画一画。这样的"笔墨"其实并没有什么意义，无法实现有效阅读。

恩师于永正在指导学生初读课文或精读课文时，常常会对学生有这样的提醒：圈画是思考的痕迹，批注是思考的结果，希望同学们在读书时养成动笔墨的好习惯。圈画，不是随意圈画，不是到处乱画，圈画应该是学生在阅读时的思考痕迹。通过圈画加强再记忆，或是自我再提醒，抑或是引发再思考。圈画是读者在阅读过程中对具体的内容有了深入思考后留下的痕迹，批注则是读者进行有效阅读的一种表现，即思考的结果。

例如，在阅读《詹天佑》一课时，我是这样对第一段内容进行圈画和批注的。

詹天佑是我国杰出的爱国工程师。从北京到张家口这一段铁路，最早是在他的主持下修筑成功的。这是第一条完全由我国的工程技术人员设计施工的铁路干线。

阅读时，我用红笔对第一句话进行了圈画。第一段有三句话，我为什么只圈画了第一句，而没有对第二、第三句话进行圈画？因为我边读就边思考着：第一句话是对整篇课文的概括，起到了统领全文的作用。同时，课文的题目为《詹天佑》，显然课文以对詹天佑的人物刻画为主，这个人究竟有着怎样的品质值得作者去写呢？课文开篇第一句就已直接讲清楚了：杰出、爱国。可见，我在对第一句进行圈画前，脑子里就已有了一系列思考。圈画完后，我拿笔在第一句旁写下了一连串的问题，例如：

作者在文中会怎样讲述詹天佑的杰出呢？

作者在文中会怎样讲述詹天佑的爱国呢？

如果第一句变成"詹天佑是我国杰出的工程师"，行不行？为什么？

如果第一句变成"詹天佑是我国爱国的工程师"，行不行？为什么？

这些都是我在阅读课文第一自然段时产生的问题，这些问题就是思考的结果。在之后的阅读中，我都会带着这几个问题继续思考。如此这般，我把课文细细地读完后，对文本的理解就会更深更透。正因为我养成了不动笔墨不阅读的好习惯，所以我在解读文本时，往往能比身边的许多教师读得更透彻、更深入。在解读、处理教材后，再进行教学设计，总能有许多与众不同的想法与创意。

在日常阅读中，怎样才能有效避免对"不动笔墨不阅读"的误读，进而实现真正意义上的"不动笔墨不阅读"？以下三个方面的实践与思考值得借鉴。

一是有效示范。

教学中，当教师让学生对所学课文进行圈画和批注时，学生往往很难有效进行。即便学生有一定的圈画或做批注的痕迹，也比较随意，没有真正深入思考，难以实现"圈画是思考的痕迹"和"批注是思考的结果"。因此，教师进行有效的示范是非常必要的。

执教《慈母情深》一课时，教师需要引导学生深入理解文中描写母亲外貌的句子，让学生感受到母亲对"我"深深的爱。我是这样引导的：

> 同学们，老师在读课文时，发现文中描写母亲外貌的句子有四处。当我读到第一处"我穿过一排排缝纫机，走到那个角落，看见一个极其瘦弱的脊背弯曲着，头凑到缝纫机板上"时，就用笔把它圈画了出来。边画边读边思考——母亲的脊背如此瘦弱，是因为母亲太劳累了。母亲如此劳累，为什么不休息，还在拼命地工作着？于是，我用笔在句子旁边将这些思考写了下来。
>
> 课件出示：我穿过一排排缝纫机，走到那个角落，看见一个极其瘦弱的脊背弯曲着，头凑到缝纫机板上。（母亲的脊背如此瘦弱，是因为母亲太劳累了。母亲如此劳累，为什么不休息，还在拼命地工作着？）
>
> 课文中还有三处描写母亲外貌的句子，请同学们依次找到，先进行圈画，再把自己的理解写在句子的旁边。

教师的有效示范，有助于培养学生在阅读时养成有效圈画和做批注的习惯。

二是灵活运用。

什么才是"不动笔墨不阅读"？上面我一直强调的圈画和做批注是"不动笔墨不阅读"的具体可行方法。当然，我们绝不能只局限于这两种方法，除此之外，还有摘抄、写读后感等多种方法。教师在具体方法运用上，要充分考虑学生的年龄特征和认知规律，即充分考虑学生的具体学情。例如在面对三年级的学生时，教师给出的要求就要适当降低。如在教授《坐井观天》一文时，教师可先引导学生找到小鸟和青蛙的三次对话，再引导学生分角色朗读小鸟与青蛙的对话，通过朗读体会它们在对话时的语气和心情，并把自己的体会用一两个词语写在旁边。在这篇课文的教学中，引导学生找出三次对话，让学生体会不同角色在对话中的心情和语气，并用词语表示出来，写在旁边，就是有意义的"不动笔墨不阅读"的方法引导。

在教高年级课文《窃读记》时，教师又该如何引导学生做到"不动笔墨不阅读"呢？高年级学生相比低年级、中年级学生，其自主学习、主动探索的能力更强。因此，把握和理解《窃读记》这篇课文的基本内容，对高年级学生来说难度不大。加之这个单元的习作要求是写读后感，因此在教学中，教师可以让学生在学完课文后写一篇《窃读记》读后感。

写好读后感是"不动笔墨不阅读"的一种方式。如何写好读后感呢？学生在写读后感时，三言两语自然不行，大量地摘抄课文内容也不行。为此，在如何写好读后感的教学上，就需要教师进行针对性指导。教学中，我会先自己写一篇《窃读记》读后感，写完后再从自己的读后感中梳理、总结出写好读后感的要点。接着，我会引导学生通过阅读我写的读后感，体会到写好读后感的一般方法，即题目要新颖、内容概括要简洁，要抓住句子写体会、结合生活谈感受等。下面是我写的读后感：

让我们爱上阅读

——读《窃读记》有感

明天，我得引导学生学习《窃读记》一文了。晚上，我又反复读了两遍课文。合上书，《窃读记》一文里讲作者小时候因为家里穷买不起书，就去书店"窃读"的事深深地印在了我的脑海里。

"急忙打开书，一页、两页，我像一匹饿狼，贪婪地读着。"这是课文里的一句话，作者将渴望读书的自己比作一只饿狼，一页页贪婪地读着，"狼吞虎咽"地吸收书中的知识，感受阅读时的快乐。这个比喻让读者体会到了作者渴望阅读的心情。

生活中，我发现有的同学阅读是走马观花，简简单单地浏览；有的同学阅读是只读头不读尾，有始无终；有的同学是买书热情高，但买回后连翻也不翻就搁在书柜里了；还有的同学是在家长的逼迫下阅读的，阅读对他们而言，似乎是受罪。相比之下，这些同学与作者的差别太大了！

如今，虽然我们时时刻刻都可以阅读，但许多人却不怎么爱阅读。我们应该珍惜现在来之不易的阅读机会。要知道，要改变一个人，必须从阅读开始。

爱上阅读吧！正如课文的最后一句话所说："记住，你们是吃饭长大的，也是读书长大的！"粮食哺育的是身体，而书籍哺育的是人的灵魂。

坚持并爱上阅读，如果高年级学生能在阅读中实现"不动笔墨不阅读"，那么，写读后感也不再难如登天，学生也能借助写读后感加深自己对所读课文的理解与思考。

三是及时评价。

学生要想更好地实现"不动笔墨不阅读"，教师的即时评价是很重要的。当下，新课标提出"教学评一体化"的理念，及时评价能让"不动笔墨不阅读"更好地彰显其意义。我在执教《慈母情深》一课时，让学生找出文中"我"和母亲对话的一组句子，细细读读，把自己的思考写在旁边。片刻，学生找到了"我"和母亲的一组对话，并在这组对话旁写下了自己的批注。

母亲大声问："你来干什么？"

"我……"

"有事快说，别耽误妈干活！"

"我……要钱……"

我本已不想说出"要钱"两字，可是竟说出来了！

"要钱干什么？"

"买书……"

"多少钱？"

"一元五角就行……"

    课堂上，一个学生把"大声"一词圈了起来。在交流时，我特意问他："我想问问你，为什么要把'大声'这个词圈起来。刚刚我在巡视时，你是唯一圈了'大声'一词的。"学生站起来说："我之所以圈了'大声'一词，是因为这个词能体现母亲工作的环境非常糟糕。"我追问着："你为什么会有这样的思考？"学生回答道："我联想到了课文前边写到的'七八十台缝纫机发出的噪声震耳欲聋'，正因为这里噪声震耳欲聋，'我'在这样的糟糕环境下，叫母亲就必须大声。"在听完学生对"大声"一词的思考与理解后，我肯定地说："这就叫读书。读书需要思前想后，读到后文，回想前文相关的内容，想一想，就能读得更全面、更深刻。"我又来到一个在这组对话旁写了一个"妙不可言"的学生面前，问他："你说说你是如何理解这组对话的妙不可言的？"学生站起来，非常有条理地分析着："你看，妈妈的几次发问分别是：你来干什么？有事快说，别耽误妈干活！要钱干什么？多少钱？看得出来，妈妈为了多挣一分钱，连和'我'说话的时间都没有。她只想知道'我'来找她的目的。而'我'的每一次回答都是吞吞吐吐、支支吾吾的。为什么呢？我觉得是'我'发现原来母亲工作的环境竟是这样糟糕，母亲的身体竟是这样瘦弱，'我'实在是开不了口，但买到那本书又是自己梦寐以求的一件事，所以内心很矛盾。"在学生讲述完自己为什么在书上写下这个"妙不可言"后，我给了他一个大大的拥抱，以表达我对他的高度称赞。

    不管是学生还是教师，都应养成"不动笔墨不阅读"的习惯。同时，在这一过程中，要灵活运用各种方法，以实现有效阅读。

由"石楠树"的变化想到的

　　阳春三月，我漫步在小区里，看见一排排石楠树长出了鲜嫩且紫红色的新叶。石楠树如此生机勃勃的样子，不禁让我思考起其中原因。我想，一是因为石楠树的根不断地扎向泥土深处，时刻从土地中汲取水和各种营养；二是石楠树的叶子时刻接受着柔和春光和雨露的照耀与滋润。这不，一排排石楠树便成了小区里一道亮丽的风景。

　　不到一个月，石楠树足足长高了一尺，最初长出的鲜嫩且紫红色的新叶也变成深绿色，活力四射。

　　从这一排排长大的石楠树中，我竟读出了读书的价值。试想，在成长的过程中，每天一日三餐的营养摄入能让学生拥有健康的体魄，而持续不断地从书籍中汲取的营养，则能让学生的精神实现丰盈，内心保持充实、愉悦。可见，学生的成长和石楠树的成长一样，要想长得好，就需要摄取多方面的营养。在学生的成长过程中，读书的重要性不言而喻。

　　就学生阅读而言，我想，教师得有以下四个方面的思考。

　　一是要明确为何而阅读。

　　阅读能让学生在精神和心灵上变得丰盈。要充分考虑学生应该读什么书，这是前提，也是关键。希望通过阅读实现自我怎样的提升与实现，这是需要学生自己明确，或是学生在教师、家长的正确引导下应明确的。如学生希望通过阅读，开阔自己视野，就得购买一些科普类书籍；如学生希望通过阅读，丰富积累、体会感悟隽美的语言表达，就得购买一些经典的文学作品；如学生希望通过阅读，感受中华优秀传统文化，就可以为自己添些经历了历史淘洗后留下的经典作品。这一点，不仅对于学生而言是如此，对于任何读书人而言也是如此。

二是对书籍要有选择。

古人云：读遍天下书。实事求是地说，读遍天下书只能是一种理想。事实上，一个人一辈子能读的书是有限的。正因如此，我们就要慎重地选择要读的书。否则，看似天天读书，最终收效也是不高的。在这一点上，我还是要表明一下：只要你手捧着书读，就是有益的。只是善于选择书进行阅读，能让一个人在有限时间内发挥更大的人生价值。以我自己为例，直至从教前四年，我是没有任何读书兴趣的，我从不读书，别说读书，只远远地看见书，我就浑身难受。后来，我从开始自己逼自己读书，到自己主动去找书、购书读，再到今天有选择性地、持续不断地读书，我认为自己所享受着的读书的价值正在不断实现着最大化。当下，我一般读三类书籍：一是文学作品（包括儿童文学作品）。这一类我读得比较杂，我并不会倾向于某一个或某一类作家的作品，而是大概浏览后，觉得作品的内容能给我带来思考、启迪或是美的体悟，我就会继续读。二是教育教学类的书籍，主要包括教育教学类专著和教育教学类的杂志。我读的教育教学类专著主要倾向于语文教学类、班级管理类、育人心得类、课程建设类。我读过的教育教学类杂志主要有三本：《小学语文教与学》《小学语文》《语文教学通讯》。这三本杂志长期放在我的案头、床边，我随时想读，随时就可以取到。这三本教学杂志，我已坚持订阅了整整十三年。之前十一年的时间里，我订阅的教学杂志主要是另外三本：《小学教学》《小学语文教学》《小学语文教师》。在前十一年的语文教学实践与研究中，我更喜欢读实践性较强的教学杂志：一是自己能够很好地读懂杂志里每一篇文章的观点。二是杂志中文章里的许多好经验、好方法、好策略，自己能在读后不断地于课堂教学中进行模仿尝试。要根据自己的读书能力与水平，科学选择合适的书籍进行阅读。三是科普类的书籍。我总认为，一个人不管从事什么行业，都得读一些科普类的书籍，否则容易闹笑话。作为小学语文教师，有选择地阅读科普类书籍是必要的。在教学过程中，教师有责任指导学生认识事物，教师如果不学习科普类知识，教学时就会略显吃力。例如，在教授学生《太阳》《鲸》《只有一个地球》《飞向蓝天的恐龙》等科普课文时，如果不了解相关知识，在学生面前就会显得一无所知。反之，教师如果阅读过科普类书籍，在课堂教学中便总能及时给学生解惑，在学生迷茫时及时指点迷津。这样的教师是受学生喜欢，甚至是让人佩服不已的。选择合适的书进行阅读，能让自己从事的工作更有成效。

三是阅读要讲究方法。

为什么有的人读的书数量不是很多，但是能力与素养已出现质的提升呢？答案就在于阅读方法的正确性。

学生在读《匆匆》一文中"我不禁头涔涔而泪潸潸了"一句时，是如何读的呢？学生甲：关注词语的学习与积累，即会着重读"头涔涔""泪潸潸"，大致理解并记住这两个词。学生乙：在读中思考，为什么不是"我不禁头涔涔了"，或是"我不禁泪潸潸了"，进而更深入理解句子要表达的意思。学生丙：在边读边理解句子大意的基础上，进一步追问，我为什么会头涔涔而泪潸潸。然后带着这个关键问题，联系前、后文内容寻找答案。对比甲、乙、丙三名学生读书的方法，便可知掌握有效阅读方法的重要性。

四是明确阅读的最终价值。

教师对阅读的最终价值要有一个长远的认知。在教师队伍中，一些教师主动寻求部分书籍进行阅读，只是为了在下一次职称评比中，实现优质课展示或论文发表这一指标。如果教师读书的目的仅限于此，长此以往，读书人的功利心就会日益加重。如果不主动摒弃自己的功利心，读书的过程就会很痛苦。尤其是当功利心驱使下的读书最终仍没有达到预期目的时，人的内心就会万分纠结痛苦，人就容易迷失自我。少年周恩来曾说，为中华之崛起而读书。这是远大的志向，也是少年周恩来给自己确定的读书目的。于学生而言，阅读是为了什么？就当下而言，是为了自己的学业更上一层楼；就将来而言，是为了自己能在具体的工作岗位上为祖国的发展与繁盛做出更大的贡献。于教师而言，阅读是为了什么？阅读是为了更好地教授学生，帮助学生更好地实现自我人生价值，这是从职业操守而言；阅读是为了让自己的生活更充实、精神更丰盈、灵魂更悠然，这是从人生意义而言。

于我而言，阅读是为了什么？我想，自己的认知与表达是具有阶段性特点的。第一阶段：工作前四年，从来不读书。不喜欢读，讨厌读，因为不读书，自然也无惧无畏。第二阶段：工作第五年至第十五年，主动地找书读。自己没书便四处借书读，因为知不足，更意识到工作初期不读书的严重性及可怕后果。要想教好学生，就得从大量阅读中汲取先进的教学理念，改变自己的课堂，提高自己的课堂教学能力与水平。第三阶段：工作第十六年至今，我一直在思考阅读的最终目的与意义是什么。为了让自己读过的每一本书都发挥其应有的价值，不浪费这如金子般珍贵的光阴，我精心挑选、认真对待每一本书，十年如一日地阅读、写作。别人常问我：不累吗？值得吗？我总是幸福地笑答：乐此不疲呀！乐在其中呀！正如《庄子与惠子游于濠梁之上》中所说："子非我，安知我不知鱼之乐？"

小区里的石楠树经历着一个又一个春夏秋冬，树干在长高长粗，树叶也在一年年更换着。春日里，看到它最初长出的鲜嫩的叶子从紫红色慢慢变成翠绿色，我便想到了读书之于读书人一生的价值所在。这不，我又开始自己新一天的阅读与写作了！

让读写成为习惯

初涉教坛时，看到那些痴迷于阅读与写作的同事，总觉得他们有点儿迂腐，甚至有点儿傻。那时的我总想：白天，忙碌于教学工作——备课、上课、改作业、改试卷等，哪还有时间静心于阅读与写作？忙碌了一天，到了晚上，总得打打球、散散步、看看电视吧！至于阅读与写作，哪有那个心思。

时光飞逝，我已工作二十九载，没想到，如今的我已是一名痴迷于阅读与写作的语文教师。即使很忙，我也得挤出一点儿时间进行阅读或写作。阅读、写作之于我，犹如空气、阳光之于我，不可或缺。没有空气我会窒息，没有阳光我会枯萎。如果一天里我没有阅读，没有写作，心里总觉得空落落的，似乎丢了什么很重要的东西。

起初对阅读与写作根本不屑一顾的我，为什么如今无法离开阅读与写作了呢？

那时，学校里的教师每人只有一本《素质教育》。在一次全校教师现场教学论文比赛中得了倒数后，我才拿起了这本书，我是憋着一肚子的不服气读完这本书的。从教第一年时，学校举行全校教师现场教学论文写作比赛。全校十几名老师都参加了，其中有快退休的教师，有从教十余年或二十余年的教师，还有刚刚初三毕业就被请来的代课教师。我还记得比赛是在晚上进行的，当时大家都在静静地埋头写着，开考后不到二十分钟，我就神气十足地把论文交给了校长并扬长而去。成绩出来后，校园里贴出了一张赫然显目的光荣榜。我箭步来到榜前，从第一名往下找寻自己的名字，但没想到直到最后一行才看到了自己的名字，我瞬间从脸红到了脖子根。返身回到房间，我一遍一遍地责怪自己——这回可把脸丢大了！

此后，每天下午一下课，我就把自己关在房间里，一页一页地"啃"这本书。其间，我有许多次想放弃，试想，要让一个平日里从来不读书，且从来不喜欢阅读的人静下心来阅读，是多么痛苦呀！但是每每脑海里浮现出自己的名字列在倒数第一名位置的画面，放弃的心便妥协了。近八百页的《素质教育》竟让我一页一页地"啃"完了。接下来，我又将它完整地读了两遍。

不知不觉，又迎来了新学期的全校教师现场教学论文比赛。我内心对这次比赛盼望已久，我想把面子挣回来。这一次，我没有像第一次一样神气十足，而是静静地读题、构思、写作，两个小时的写作时间很快就过去了，我是最后一个把论文卷子交到校长手中的。两天后，光荣榜再次张贴在校园里。我没有前去观看，而是几名同事特地跑来告诉我——你得了第一名。

但我心里知道，这次阅读初衷并不是发自内心的，我只是为了挣回面子。约莫又过了三年，通过选调，我进入了县城第一小学。这所小学在全县甚至在全市都是负有盛名的。当时正值中秋佳节，县委宣传部和县教育局举办了一场学生征文比赛。班里有一个叫洪菁的学生在他父亲的指导下参与了此次比赛，获得了二等奖。他父亲在写指导老师时将我的名字写了上去，所以我就被邀请到了颁奖晚会现场。颁奖晚会上，我收到了一本散文集《感谢昨天》，作者是婺源本地作家。翻阅时，我的心里有一种说不出的滋味儿。心想，若是让我来写，我绝对写不出如此精彩的散文，我的内心有一种莫名的愧疚感。那时的我还是单身，一下课回家，简单地吃点儿饭后，我就捧起那本《感谢昨天》静静地阅读。当把这本书完完整整地读完一遍后，我竟有一种想要下笔的冲动。数月里，我写出了《母爱如歌》《脚下的鞋》《小小清明粿》等十余篇文章。后经反复修改，先后在报纸杂志上发表了。那时候，我才明白了自己写的这些文章属于散文。也就是从那时起，我开始对写作有了兴趣，对阅读有了强烈的渴求。因为我发现，只有大量阅读，做一个忠实的阅读者，才能激起自己写作的冲动与欲望，才能让自己的写作水平得到提高。

因工作需要，我不仅阅读文学作品，还阅读教育教学类专著。在书的海洋里，我任意地徜徉着。我的心绪一次次地与作者的心绪产生共鸣，我的观点一次次地与作者的观点发生碰撞。阅读、写作之于我，成了生活中不可或缺的一部分。一天中，只要有时间，我总喜欢手捧书，细细品味，或是拿来纸笔，肆意涂抹，抒写情意。

有人问我：你这样读书不累吗？我回答：乐在其中。试想，一个人做着自己喜欢做的事，怎么会累呢？长期阅读，读不同的书，能让自己的心智更加健全、健康。在书中，我学会了如何做到宽容他人；在书中，我学会了如何尊重他人；在书中，我学会了如何对待自己的"敌人"或对手；在书中，我学会了如何做一个真实的自己；在书中，我学会了如何实现自己的理想与追求……

亲人总对我说：放下你手中的书，出去走走吧！我嘴里应着，但心依然被书中的精彩紧紧勾住，挪不动身子。读着读着，阅读不仅成了我的一种习惯，还让我掌握了良好的阅读方法。阅读时，我必会一手捧书，一手持笔，精彩处、动情处，我总会圈圈画画，或是将其摘抄在读书笔记本上。时间久了，读书笔记本便成了我人生中的一笔财富。每每翻阅被自己摘抄下来的文字，内心不知有多欣慰、多踏实。如今，我的读书笔记本差不多有半个成人那么高了。"书的厚度决定了人的高度。"我还得继续读下去。阅读对我而言，不是一种任务与负担，而是一种兴趣、一种习惯。

写作初期，我也常常会出现词竭句穷的状态。正如人们常说的，阅读是一件快乐的事，但写作是一件痛而后快的事。起初写作时往往会出现一次次的阵痛，有时我甚至一连几个星期都不愿意写或写不出来。这时的我总会选择放下笔，去书海中汲取营养，寻求写作的灵感与冲动。忽地，灵感袭来，文字便神奇的如地下涌出的汩汩清泉，止也止不住。就这样，我坚持不懈地从书中汲取着营养，又将其化作墨水，在笔尖倾泻。与此同时，我对文字的感情也越来越深。读完一篇好的文章，我会写下一篇读后感；上完一节课，我会写下一篇小反思；听到一个观点，我会写下一篇小论文；看到一处美景，我会写下一篇小散文。我的笔稿在书桌上越堆越高。它们就这样伴随我度过了一个又一个静悄悄的夜。后来，我开始了电脑写作。静夜里，电脑屏幕的亮光，手指敲击键盘的声音，窗外蝈蝈的鸣叫，让夜变得更加静谧、祥和。

因为阅读，因为写作，我在语文教学的道路上迅速成长。三十五岁时，我成了全省最年轻的特级教师。后来，我成功举办了个人教育思想研讨会，出版了自己的第一本教育教学专著《过着语文的日子》。这一切，又何尝不是因我对阅读、写作的热爱所结出的甘果呢？

世间万物因有了空气、阳光而呈现出勃勃生机的景象；我因为阅读、写作而彰显着无限的生命活力。我阅读、我写作，我自由、我快乐。

阅读需有志趣相投的朋友

　　志趣相投，顾名思义，指彼此有着共同的志向、兴趣。有着共同的志向、兴趣的读书人，才能真正走到一起，才能有无限交流、表达的时间与空间。否则，没有共同的志向、兴趣，即便都是读书人，也永远合不着拍，无法实现同频共振。

　　孩童时代，我与儿时的玩伴天天在一起玩闹，形影不离。随着时间的推移，我继续读书学习，走向工作岗位，即便到了工作岗位上，也时时与书为友。然而，他们小学或初中毕业后，就去了开放城市务工，整天忙碌着工厂里流水线的事情。从此，他们远离了书籍。后来，我们都长大了。大家在老家再次相聚时，却没有了昔日那种无话不谈的感觉，而是几句简短的问候后，彼此都沉默了。

　　为什么儿时形影不离的好朋友，长大后却无法像昔日一样，有交流不完的话题了呢？重要的原因就是，他们只顾忙碌于工作，远离了书籍，而我因学习、工作，每天都能与书为伴、同书为友。在我的世界里，尤其是自己的精神世界里，书籍是我最富有营养的精神食粮，让我永远充实而快乐着。

　　儿时的玩伴在长大后没有了昔日可聊可谈的共同话题，但是，在工作中，我常常会遇到令自己感动的一个个瞬间。

　　从教第三年时，老家江湾镇中心小学的江立源副校长已是全县小有名气的语文教师。那时，教师手中可读的书籍很少，尤其是教育教学类的专著，更是少得可怜，在县城新华书店根本找不到教育教学类专著的影子。一天，江校长从县教研室主任处借来一本专著《文体各异　教法不同——小学语文教学漫笔》。那时我们都住校。我到他房间聊天时，他把书递给我看。我只看到书名就甚为心动。我本想向江校长借走这本书，可想到他也是刚从别人那里借来的，便没有开口，但我的神情里充满了对这本书的渴望。这时，江校长对我说："智星，这本书你先看，一周后你还我。"

听到江校长要把这本书先借给我读，瞬间，我觉得眼前的他更可敬、更可爱了。回到自己的房间里，我开始拼命吮吸书中的文字。书中一个个颇具针对性的语文教学观点及关于教学策略的阐述，让我豁然开朗。我读完这本书花了近三天三夜，除了白天上课、改作业，以及晚上三四个小时的休息时间，其他时间我都沉浸在这本书的阅读中。通读完第一遍后，我一方面被书里的精彩阐述深深吸引，另一方面也因还不太理解书里的一些表达而感到心焦。怎么办？片刻，我的脑子里闪过一个念头：把它抄下来。转念，我又在心中笑自己：我是在跟自己开玩笑吧？没想到，念头过后，我竟找来笔和本子，正式开始了抄书。又花了近三天三夜，我竟用了十七本学生作业本把近二十万字的专著抄完了。这一次的边看边抄，再加上头一遍的通读，我不仅逐渐理解了之前不太理解的内容，还对书中许多内容有了新的理解。抄书绝没有让我感到丝毫痛苦，反而自感受益颇多，感触甚深。

后来，我把书还给了江校长。江校长在阅读后，与我就书里的许多问题进行了反复讨论。我们对许多观点有同样的见解，也对许多观点产生过分歧，但即便是再三争论，彼此也是乐呵呵的。我和江校长在江湾镇中心小学共事了两年整，虽然时间不算长，但两年里，我们常常共读一本书，在读中或读后进行真诚交流。由此，我和江校长也结下了深厚的友谊。这种友谊绝非校长与教师之间上下级的友谊，而是因为有着共同的读书志向、兴趣而结下的深厚友谊。

后来，我通过选调进入县城小学任教，江校长依然在江湾镇中心小学担任校长。在那个交通、通信极不发达的年代，一个学期里，我们总会相约在县城相聚几次。相聚时，我们更多的还是面对面讲述自己近期读过什么书，分享读书后的思考、心得与感悟。我想，正是因为读着同类的书，或是共同读着一本书，我们成了志趣相投的知心朋友。遗憾的是，两年后，江校长因突发心肌梗死，英年早逝。对我而言，真是痛失了一个有着共同志向、兴趣的好朋友。

十三年前，我被选调到南昌市东湖区工作。这十三年里，我先后在南昌市邮政路小学、东湖区教师发展中心工作。这十三年里，最让自己开心的是曾遇到过一个个志趣相投的好朋友。我的师弟，现任豫章学校教育集团党总支书记的林通就是其中一个。师弟林通比我小九岁，但是对书籍热爱的程度一点儿也不亚于我。我和他是同一年来到东湖区工作的。初到东湖区的我们，生活条件很差，那情景现在回想起来，真叫人心酸。即便如此，我们都坚持了下来。我们来到东湖区工作最大的目的就是求学。平日里，我们有着共同的爱好 —— 读书。我阅读的速度相对较慢，属于细读慢嚼的读书风格；林通的读书能力比我强，阅读速度快且理解能力强。我们在一起时，除了偶尔聊聊生活，更多的是交流在读书过程中形成的一些新的教育教学观点、想法。我们在一次次交流中进行观点碰撞，彼此收获新的思考与知识，实现相互提升与进步。

在我眼中，林通的成长高度是一本本书堆起来的，站得高，看得远，他读过的书让他能时刻站在更高处鸟瞰一切。因为彼此有共同的读书志向、兴趣，我和林通结下了深厚的情谊。这种情谊来自彼此一次次的读书交流与观点碰撞。

常言道，话不投机半句多。为什么话不投机呢？就是彼此没有共同的志向、兴趣。作为教师，如果没有共同的读书志向、兴趣，又怎能就教学中遇到的问题、现象进行共同思考与交流呢？又怎能就阅读中形成的一些观点与想法进行探讨呢？

一天晚上，一名教师给我发来信息。大概意思是，他愿意参加区里组织的一个培训活动，但不愿意去完成培训活动中的一些事务性工作，如协助签到、管理纪律、撰写微信推文等。我是这样回复的：听讲座是学习，完成事务性工作也是学习。听讲座能拓宽自己在某一领域的视野，能提高自身的专业能力；完成事务性工作能锻炼、提升自身的管理、组织、协调等能力，也是有益的。我力图从自己的亲身经历出发劝告他。然而，在回信中，教师依然不能理解。于是，我删掉了对方的微信。我想，对于没有共同志向、兴趣的人而言，是很难加以开导的。我实在不愿意把自己宝贵的阅读、思考、写作时间浪费在对这样的教师无休止的引导、劝告上。

2022 年，安福县第二小学的旷秀文老师因听过我的一次讲座，想拜我为师。第一次面对她的请求，我直接拒绝了，因为我担心教师仅仅是为了拜师而已。"师傅领进门，修行在个人。"我担心她的期望越大，失望也越大。未承想，她很是执着。一次听说我要到她所在县城的一所中学去讲课，竟早早独自在会场上等我。这一次，我被她这种拜师的真情感动了。在答应收她为徒时，我给她提了三点要求：一是每个月读完一本专著，以我推荐的教育教学专著为主；二是半个月写一篇教学经验文章（也可以是读书后的感悟）；三是力争一年里能有一篇文章在省级期刊上发表。这样的要求对于工作不久的教师而言，是极不容易的。但是如果她能做到这三点，相信不久后，她就能看到自己质的改变与提升。

事实上，她也做到了。她做到了一个月读完一本教育教学专著，主动写完了 9 篇教学经验文章，其中《从"失落"到"惊喜"——我的拜师故事》在我的指导与修改后，发表在《江西教育》2024 年第 2 期上。她挑战了，坚持了，也有了收获。

从南昌市到安福县还是有一些距离的，因此，我和她面对面交流关于阅读、教学的思考与心得的机会几乎没有。但是，当我每半个月就读到她发给我的教学经验文章时，我的眼前似乎浮现出一个年轻教师正伏案阅读、写作的最美定格。她脸上那种因阅读、写作而自信、豁达的神情与笑脸，是最迷人的。在感受着她持续努力、不断成长的日子里，我也感到欣慰。

阅读要有志趣相投的朋友。这一点，对我而言，有真切的经历，而这真切的经历，也积淀为我最真实的经验。

阅读要有敏锐感

敏锐感，顾名思义，就是对接触的新事物有着很强的兴趣、感知和理解的意识与能力。对于读书人而言，对书籍就得时刻拥有强烈的兴趣、感知和理解的意识与能力，即强烈的阅读敏锐感。如此，阅读的能力与水平就会显著提升，就能实现有效阅读。

教朱自清的《匆匆》一课时，我引导学生读课文的倒数第二段：

> 在逃去如飞的日子里，在千门万户的世界里的我能做什么呢？只有徘徊罢了，只有匆匆罢了；在八千多日的匆匆里，除徘徊外，又剩些什么呢？过去的日子如轻烟，被微风吹散了，如薄雾，被初阳蒸融了。我留着些什么痕迹呢？我何曾留着像游丝样的痕迹呢？我赤裸裸来到这世界，转眼间也将赤裸裸地回去吧？但不能平的，为什么偏要白白走这一遭啊？

课堂上，学生读完这一段话后，我向学生提问：从这段话中，你是如何体会到作者笔下匆匆的时光的呢？下面是两名学生的回答。

> 生1：我从"过去的日子如轻烟，被微风吹散了，如薄雾，被初阳蒸融了"一句中体会到了时间匆匆而过。微风一吹，日子就过去了；初阳一照，日子就过去了。

生2：我从"在逃去如飞的日子里，在千门万户的世界里的我能做什么呢？只有徘徊罢了，只有匆匆罢了"一句中体会到作者面对匆匆而去的日子是那样无奈，只能望着时间匆匆流逝。

上述生1和生2在读了这段话后的理解是正确的，但他们的思考相对片面，只是选了其中的某一个句子去体会、去思考。试想，如果这段话中只有这两句话可以让读者体会到时间的匆匆而逝，那么其他句子不就是多余的了吗？当然不是。在一定程度上，这只能说明学生读书时对文本、文字的敏锐感不强。再看看第三名学生的回答。

生3：我发现这段话非常奇妙。这一段共八句话，竟有六个问句。我从这一连串的问句中体会到了作者面对时间匆匆流逝的无奈，提醒自己时刻珍惜时间。前面五个问句的答案是这样的：我什么都做不了、什么都没得剩、什么痕迹都没有、连游丝样的痕迹都没有、只有赤裸裸地回去。后一个问句的答案是这样的：我绝不能如此白白走这一遭。

从生3的回答中，我们能深深感受到，作者朱自清对自己已逝的八千多日是不满意的，认为自己虚度了美好的光阴。因此，从最后一个问句可以看出，他决定从此时此刻起，做一个真正珍惜时间的人。从这个案例中我们也能明白，在阅读过程中，强烈的阅读敏锐感能驱使人们读出不一样的感受，收获不一样的成效。

事实上，当小学语文教材进入统编教材时期，六年级下册第三单元《匆匆》一课的练习题竟然是这样的：课文中有两处使用了一连串的问句，找出来读一读，说说表达了作者怎样的内心感受，体会这样表达有什么好处。回想起昔日教《匆匆》一课时学生3的思考与表达，更让我意识到阅读时敏锐感的价值意义。

教师应怎样培养学生阅读的敏锐感呢？

一是让学生多阅读。

有人曾打了个比方。读者阅读，就像一男一女在谈恋爱，若无近距离的不断接触，就很难产生甜蜜爱情。一个人如果从来不积极主动地捧书阅读，没有长期与语言文字亲密接触，对语言的感悟能力就会很弱，对文中字里行间所表达的意思、意图就难以准确理解与把握。书读多了，读者对文字有了一次次接触、思考、琢磨，语感就强，语感强了，阅读的敏锐感自然就增强了。同样是在教《匆匆》一课的首句"燕子去了，有再来的时候；杨柳枯了，有再青的时候；桃花谢了，有再开的时候"时，大部分学生的关注点在句子的表达形式上，即这是一组排比句，分别写了燕去燕归、柳枯柳青、花谢花开。这些学生阅读的敏锐感是不强的，他们在平日的读书中缺乏敏锐感训练。课堂上，就有学生表达了自己对这句子不一样的理解。学生说，这个句子虽然只讲了三种现象，但大自然中像这样的现象还有很多，如树叶落了，有再长的时候；人睡觉了，有再醒的时候；火苗熄了，有再燃的时候。唯有时间不一样，一旦流逝，就不可能回来。学生表示对自己已流逝的小学六年光阴感到无奈，并表示接下来要认真读书，珍惜每一寸光阴，绝不让光阴虚度。这名学生有着很强的阅读敏锐感，这是一个热爱读书的学生，因热爱读书，所以他对文字的理解、感受能力都很强。

二是让学生多思考。

阅读的过程，就是读者思考的过程。读而不思，就读不懂、读不深、读不透。会思考、善思考，能让书的价值得到更大彰显。长春大学人文学院教授金海峰在分析《论语》开篇三句时，给我的启发很大。"学而时习之，不亦说乎？有朋自远方来，不亦乐乎？人不知而不愠，不亦君子乎？"我在读初中时，在教师的指导下，只读懂了这三句话的字面意思。这三句话我能脱口而出，倒背如流，但是对于这三句话的内涵及表达的真正意图，我没有思考过，或者说，我从来不敢去做更深入的思考。金海峰教授是这样分析的：这三句话的重点在前两句的后半句，第三句的前半句——说乎？乐乎？人不知而不愠。三句话表达了一个人学习、交友、为人处世的状态。金海峰教授在读这三句话时，不仅能读懂其字面意思，还能读懂孔子说这三句话的真正意图，这就是阅读敏锐感的具体表现。这种阅读的敏锐感需要读者在阅读过程中时刻处于一种真读、真思、真琢磨的状态。

三是让学生多交流。

若学生在阅读的过程中能读能思、读中思、思后读，其阅读效率就能得到明显提高。然而，对于当下很多读书人来说，有一点是极度缺乏的，就是读后的彼此深入交流。在读书交流活动中，大家聚集在一起，互相分享各自的读书心得。这种交流当然有其意义，但意义不大。因为在交流过程中，大多数人只注重表达、分享自己的心得、体会或观点，没有彼此间观点的碰撞，读者之间难以产生强烈共鸣。在阅读过程中，教师应引导学生主动思考，并将自己的思考及时写下来，然后组织大家进行有目的的交流。如此，学生就能把书读透，并在交流、争辩中提升自己阅读的敏锐感。

学习完《匆匆》一课后，我组织学生围绕"朱自清到底是一个怎样的人"进行交流。有学生说，朱自清是一个不懂得珍惜时间的人；有学生说，朱自清是一个懂得珍惜时间的人。当课堂上出现两种截然不同的观点时，其实就是教育的最佳契机。我再次提出："不管是说朱自清不懂珍惜时间，还是说朱自清珍惜时间，希望大家再读课文，从课文中找到可以说明自己观点的具体句子或段落，关键是要分析清楚理由。"有学生抓住句子"我不禁头涔涔而泪潸潸了"，分析朱自清已意识到自己曾经在八千多日里虚度着光阴，现在一想起过去虚度的八千多日，就头涔涔而泪潸潸，这正说明朱自清是一个懂得珍惜时间的人。有学生抓住句子"但不能平的，为什么偏要白白走这一遭啊"，认为这个句子能很好地表明朱自清绝不是心甘情愿地如此白白走这一遭，言下之意是他要珍惜时间，用好今后的每一时每一刻。有学生抓住句子"洗手的时候，日子从水盆里过去；吃饭的时候，日子从饭碗里过去；默默时，便从凝然的双眼前过去；天黑时，我躺在床上，他便伶伶俐俐地从我身上跨过，从我脚边飞去了；等我睁开眼和太阳再见，这算又溜走了一日；我掩面叹息，但是新来的日子的影儿又开始在叹息里闪过了"，认为这个句子表面写的是时光匆匆，其实是作者借生活中这一个个真实的现象在时刻提醒、告诫自己及身边的每一个人，光阴稍纵即逝，要懂得珍惜时间。

有了这种围绕中心话题或关键问题的深入交流，学生阅读的敏锐感就得到了锻炼。长此以往，学生在读书时就不会仅仅关注语言文字传达的表层信息和意思，更能思考、体会到文字背后的内涵，即作者写这样一篇文章时这样去布局谋篇，这样去遣词造句的真正意图。

有着强烈的阅读敏锐感的人，能感受到书本里的千滋百味。这种强烈的阅读敏锐感是需要读者在长期的读书过程中去历练的。坚持方能养成习惯，形成品质。

用好闲暇时间去读写

当我和身边许多同事聊到阅读、写作，尤其是自己一年要读多少本教育专著和教育杂志时，他们总会问我一个同样的问题：哪来的时间？

其实，我阅读、写作的时间全是自己的闲暇时间，上班时，我是没有丝毫时间来读与写的。工作内容的琐碎，让我总是身影匆匆、脚步匆匆。我的闲暇读写时间主要是以下五大块：

一是早上上班前。我一般提前 20~30 分钟到单位。上班前的这段时间里几乎没人打搅我，因此，这半个小时就成了我一天中第一次捧起书的时间。

二是中午下班后的半小时。单位是 12 点整下班，一下班同事们都会准时聚到小食堂用餐。二十几个同事聚在小食堂里，边吃边聊，家长里短，好生热闹。而我则在下班后把办公室的门关上，静静地读上半小时的教育杂志，慢慢地读上两三篇教育经验文章。无人打搅，简直就是享受。

三是晚上 9：00—12：00 的 3 个小时。这时也几乎没有领导或同事来电谈及工作之事，而且时间较长。每天晚上两个半小时左右，我雷打不动用来阅读、写作，或是只读不写，或是只写不读。在这个每天晚上完全属于自己的阅读、写作时间里，我的内心不知有多么充实和幸福。读到精彩的或有触动的句子，我就会及时记录，甚至默默背一背。当晚就分享给家人，或第二天在适当的时间里分享给同事或朋友。当读到"一个卓越名师的成长需要远大的目标、强大的内驱力和不断精进的创造力"时，我不禁对比起自己在教学道路上奋起拼搏的经历。心想，要是身边的每一名同事都能在自己成长的过程中拥有远大的目标、强大的内驱力和不断精进的创造力，该多好呀！当读到翁森《四时读书乐》中的诗句"读书之乐乐何如，绿满窗前草不除；读书之乐乐无穷，瑶琴一曲来薰风；读书之乐乐陶陶，起弄明月霜天高；读书之乐何处寻，数点梅花天地心"时，不禁静静回味起自己在一年四季中读书的真切感受与感悟。

四是节假日。首先是周末阅读。我是很盼望双休日的到来的。盼望双休，并非希望能在双休时去游山玩水，或约三五好友打麻将、扑克，而是喜欢在一篇篇优美的语言文字里去欣赏、感悟山水的壮丽或婀娜。至于麻将、扑克，我打小就不会，瞧见它们就有一种浑身不是滋味儿的感觉。其次是寒、暑假。我一般在放假前就会有较为全面的规划与安排。一本接一本的教育教学专著往往是利用寒、暑假读完，由于时间充裕，且杂事少，有时两个星期就能认真读完一本书。当然，寒、暑假对我而言，更是写作的最佳时间。由于时间充裕，我一般坚持一天写四千字左右，如此，一个多月我就能完成一本教育教学专著书稿的撰写。近四年来，我先后出版的《杏坛逐梦：从乡村教师走向特级教师》《名师是这样炼成的》《卓越型教师如何修炼》《教育趁年华》，都是利用寒假或暑假完成的。在这样的阅读、写作过程中，我丝毫没有感到难过、痛苦，而是感觉自己完全沉浸其中，乐此不疲。

五是碎片化时间。出差时，动车上、飞机上、宾馆里；在家里，吃饭前、吃饭后，有时在卫生间里也会随手拿本书读。虽然我不倡导利用碎片化时间读书，但是因自身喜欢阅读，一坐下，不阅读，心里就会觉得空落落的。一旦手里有书，能读到书，心就能瞬间安静下来。那种滋味儿无法用言语形容，真是妙不可言。

有人说我太纯粹了！生活一辈子，就活得这么简单，没有朋友相聚，把酒言欢；没有周末休闲，赏花看景；没有家人旅游，其乐融融，似乎我的一生太单调、太乏味、太无趣，然而，我自知并非如此。当我充分利用一切闲暇时间去阅读、写作时，我便拥有了不一样的人生体验与感受。

一是书的厚度决定了人生的高度。

早期，在自己不喜欢读书的日子里，我见识狭隘，甚至可以说鼠目寸光。在听前辈们宣讲时，会越发觉得自己什么都不知道，别人却样样精通，事事知晓。生活中，遇到难以解决的问题，只会干着急。后来，当自己渐渐爱上读写，且书读得越来越多、越来越透时，面对生活中遇到或听到的难题，我总能用敏锐的眼光去洞察，用智慧的办法去解决。

例如，在教学初期，如何形成自己的教学风格？或者什么是教学特色？我无法解读，甚至想都不敢想。当素来赏识我的上饶市小语教研员郑初春帮我提出"激情、务实、求活"的教学风格时，我只觉得好，却总说不出好在哪里、妙在何处。甚至起初自己对"激情、务实、求活"的教学风格还出现了一些理解偏差。后来，当读过许多阐释教学风格的文章或专著后，我对教学风格的理解就更全面了。如今谈到教学风格，我就会从教学风格的概念内涵、基本类型、价值体现、形成过程、养成方法等方面去思考、去实践。当下，我已将最初由郑初春老师帮我提出的"激情、务实、求活"的教学风格重新建构，提出了基于"本真教育"哲学观下的"本真语文"教学主张。这一教学主张的最终形成，是我二十余年不断读书、实践、思考、总结、提炼与建构的结果。

二是书的温度改变了自己的认识。

书是有温度的，因为每一篇文章或每一本专著里阐述的观点、表达的情感，总能影响读者，或是触及读者的内心世界，进而与读者产生强烈的情感共鸣。1999年下半年，我读了一本散文集《感谢昨天》。书里的文章叙述了作者与父亲、母亲、妻子、朋友们共同经历过的一件件往事，这些陈旧往事在作者的笔下熠熠生辉，浓浓的情感从字里行间溢出。从没有写过散文的我，竟有了一种想写散文的冲动。不到两个月，十余篇散文竟在自己的笔下"嗞嗞"呈现。在写作过程中，那种浓厚且真挚的亲情一次次涌上心头，久久无法散去。书也可以有温度。2001年6月，我在《江西教育》上发表了一篇教学经验文章《我教学生写童话》。文章的原题为《立足质疑排难 开启创新之门》。由于文章构思较巧，质量也较好，因此在学校领导的指导下，便寄往了《江西教育》编辑部。三个月后，我惊喜地收到杂志的样刊，整个人兴奋了好几天。收到样刊后，我迫不及待地打开信封，竟未在目录页找到自己文章的题目，心瞬间凉了半截。但转眼竟在目录中作者的名字里看到了自己。这时的我真是又高兴又担心。高兴的原因自然是不必言说，担心的是什么呢？会不会有一个跟我同名同姓的教师呢？当看到文章末页署名"江西省上饶市婺源县紫阳第一小学 汪智星"时，我才确信无疑。我读了读自己发表在杂志上的文章，一种莫名的敬意油然而生。一是题目被改成了《我教学生写童话》；二是原本近四千字的文字，被编辑仔细删改后，成了千余字的文章。我心想，自己能遇到这样认真、细致的编辑，何其荣幸呀！

这次经历带给我两点深刻感悟：其一，做什么事都得认真、细致。认真、细致地工作也许能改变一个人的命运。其二，文章是写出来的，好文章是改出来的，好文章需要反复改、大胆改。此后，我每写出一篇文章，不会马上投稿，而是会放在案头边，反反复复地改，不厌其烦地改。在修改文章时，我总能感到那名曾经用心修改自己文章的编辑，用那充满笑意的双眼注视着我。

用好闲暇时间去读写，已成为我的一种生活习惯。在读写的日子里，快乐永远伴随着自己。当然，能自觉地用好闲暇时间来读写，也不是一件容易的事情，这需要我们在生活中不断地倒逼自己、要求自己、挑战自己，否则，就会被闲暇时间牵着鼻子走——或游走于青山绿水间，或浪费于推杯换盏下，或耗尽于麻将扑克中。

多读书，读好书，善读书

多读书，读好书，善读书，对于大家来说，这是很容易理解的。但是，能做到这一点，却不是一件容易事。多少人深知多读书、读好书、善读书的价值与意义，可一旦要落实在行动上，往往就会不知所措，或是半途而废，或是畏难而止步。

多读书

多读书，强调的是要常常阅读，书读得越多越好。然而，一个人真的能做到常常阅读、时时读书吗？实际上，大多数人往往兴致来时，便捧起书来读个通宵达旦，但是，一阵热劲儿过后，就常常出现"三天打鱼，两天晒网"的现象。对于读书，保持一种持之以恒的劲头不容易。多读书，不仅要强调天天读、时时读，还要注重阅读的数量。假如天天读，但半年，甚至一年只读完一本书，那样依然很难从阅读中获得更丰富的知识。对于读书人而言，认真阅读一本书要多久才最为适宜呢？这得由读者的阅读能力与水平而定。一般情况下，用心阅读、琢磨一本书需要用上半个月到一个月，方能做到读中有思考，读后有获得，使书的价值最大化。半个月或一个月读一本，一年下来就可读24本或12本，按照这个速度持续阅读，几年下来，阅读的数量也是可观的。慢慢地，随着阅读能力与水平的提高，或可实现一周或一旬读一本，一年下来就能读完 48 本或 36 本了。多读书，强调通过持续不断地阅读达成既定的阅读数量。同时，也要确保阅读的质量，读完之后，要确保自己能将书中获得的知识转化为自己行动时的无穷力量。

读好书

读好书，强调的是对所读之书质量的关注。那种不管什么书就一股脑儿阅读的方式，显然是不被提倡的。因为好书的价值与意义对读者来说是不言而喻的。古人云：得好友来如对月，有奇书读胜观花。作为教师的我，第一次读到恩师于永正的著作《于永正课堂教学实录》时，我并未觉得这本书的学科理论阐述得有多么深奥，只认为它是于永正从教历程中几十个阅读教学、作文教学、口语交际教学的教学实录，以及特级教师高林生等对每个教学实录的精彩点评而已。2000 年，当我再次翻开此书细细阅读时，内心真有一种仿佛自己是一个突然获得了绝世神功秘籍的侠客之感。那种爱不释手的感觉，只有仔细阅读过的人才能真切地体会到。

那时的我工作才五六年，在第二次品鉴《于永正课堂教学实录》后，我对语文教学的认识更透彻了，对课堂教学中教师应掌握的一些灵活的教学方法、适切的教学策略，以及面对教学中一个个难题，教师如何巧妙应对、化解、指导，我都受益不浅。至今，距 2000 年已过去二十余年，每每自己从书柜里取出这本书来读，都会常读常新。后来在课堂上，自己之所以能对许多教学方法或教学策略运用得得心应手，都得益于昔日对这本书的深入阅读、理解。

例如，教《草船借箭》一课时，我将"诸葛亮笑着说：'雾这么大，曹操一定不敢派兵出来。我们只管饮酒取乐，雾散了就回去'"这个句子在屏幕上呈现出来。接着，我请一名学生来读这个句子。我说："哪名同学愿意来读读这个句子？"我这样设计问题，是有考虑的：一是想以这样的提问来体现课堂教学的民主。如此，即可向学生表明，课堂上回答问题不是教师直接点名，而是出于自愿。二是我猜想，自己愿意主动读的学生，一般是书读得比较好的。试想，读得不好的学生一定不会主动来读。这样一来，主动站起来读的学生就能起到一种示范朗读的效果。最后，让全班同学像这个学生一样读读这个句子，该环节的教学效果不就水到渠成了吗？

万万没有想到，我的目光在班上连续扫视了两三轮，竟没有一个学生愿意来读。瞬间，整个课堂处于一种冷场的状态。就在这时，离我最近的一个男生把左手微微抬起。我兴奋地一个箭步来到他面前，把话筒递到他嘴边，他的身子急速地往后仰。我把话筒再向他嘴边靠近，他又下意识地往后仰。于是，我一只手拿着话筒，一只手搭在他的背后，嘴里说："别怕，老师是你坚强的靠山。读吧！"谁料，男生极力张开嘴，支支吾吾、结结巴巴地读起来。在整个读的过程中，这个男生把"笑着"丢了，把"饮酒"错读成"欠洒"。这时全班学生及整个教室的教师都笑出了声。男生显得异常紧张。然而，就在学生张口支支吾吾、结结巴巴、吞吞吐吐地读时，我内心不知有多么兴奋和激动，因为我曾在读《于永正课堂教学实录》一书时，就从书中的一篇教学实录里读到于永正老师在课堂上也遇到过类似情况，并深知面对这种情况时应如何及时、智慧地指导学生从不会读到读得较成功，让学生找到学习自信。当时的我读到教学实录中这部分教学情景描述时，情不自禁地拍案叫绝，如今的我在课堂上也有了这样从容、智慧的教学情景。

师：这一遍确实没读好。别怕，老师再给你一次机会，请你把这个句子认认真真地看一遍。看完后，再读给大家听。

（学生非常认真地看着屏幕，我从他那慢慢移动的目光就能感受到。学生继续读。）

师：有进步。这一遍"笑着"没有丢掉。注意，"yǐn jiǔ"，跟我读。

生：yǐn jiǔ。

师：yǐn jiǔ。再读。

生：yǐn jiǔ。

师：全班一起读。

生（全班读）：yǐn jiǔ。

师：这样，老师再让你把这个句子认认真真地看一遍，看完后再轻轻地念一遍。最后，请你朗读给大家听。

（学生的目光在整个句子上慢慢地移动，接着，我见他的小嘴巴在不停地动着。学生非常认真地朗读着，虽然还是结结巴巴、吞吞吐吐的。）

师：太好了！"笑着"没有丢，"饮酒"没有读错。这就是最大的进步。

（就在这时，男生笑眯眯地坐了下来。）

师：不急，不急。还没到坐下来的时候。这样，请你给全班同学介绍介绍经验，说说你是怎样获得这样的进步的。

（此时，男生一脸茫然地望着我。只见他的左手慢慢地抬起来，抓着自己的后脑勺。这一刻，我突然间想起来他最初为什么微微抬起自己的小手，原来是后脑勺痒。人家想去抓痒，却被老师误解为举手。）

生：老师，我没什么经验呀。不就是你让我读第一遍，我没读好，你又让我读第二遍，我有了进步，你再让我读第三遍，第三遍就比较成功了。

师：知道吗？这就是把书读好的经验。一遍不行，读第二遍，第二遍不行，再读第三遍。记住，一百遍之后，还有一百零一遍。

（男生若有所悟地点了点头，满脸堆笑地坐了下来。感觉他是那么自信，那么可爱。）

评课时，湖南师范大学教授佘同生这样评价："要说三国时期的诸葛亮敢创新，那么21世纪的汪智星老师更具有创新精神。"我从心里感谢《于永正课堂教学实录》一书，能获得这么高的评价，这本书提供的经验功不可没。我是多么幸运呀！一是幸运地读到了《于永正课堂教学实录》这本书，二是幸运地遇到了跟书中描述的极相似的课堂现象，且实现了学以致用。

一个人在工作或生活中，读好书，绝不能止步于读到的某一本好书，而是要到无边书海里，去寻求、去选择一本本好书来阅读，让一本本好书化作宝贵的精神食粮，充实自己的心灵。

善读书

善读书，强调的是阅读的方法。好的读书方法往往直接关系读书的效率。如果不善阅读，整天捧着书也是白白浪费大好光阴。善读书主要表现在以下两个方面：

一是通过阅读善于捕捉到自己需要的信息。

阅读的过程其实也是作者捕捉、提炼信息的过程。读书的目的性要强，否则，花了时间却收效甚微。读一篇文章和读一本专著是同理的，虽然一篇文章从篇幅来看不会很长，捕捉、提炼主要信息的难度会低些，可同样需要读者保持阅读的目的性。若是对书的主要内容不能准确把握、理解，或是对自己所需的主要信息不能准确捕捉、提炼，那就失去了阅读的目的，就是不善于读书了。

二是通过阅读能对书本中的关键句段做到深入品悟。

阅读时，要在深入品味、感悟中体会作者表达的情感，否则，书就读不厚，也读不透，甚至读不懂。《乡下人家》一课的末段是这样的："乡下人家，不论什么时候，不论什么季节，都有一道独特、迷人的风景。"这句话对于四年级学生而言，理解并不难，可能读一读就知道其大意。可是文字背后又传递了一种怎样的情感呢？这就需要学生在阅读时去琢磨，需要学生在教师的指导下深入理解这句话，从而体会出来、感悟出来。教学中，我设计了两个步骤：第一，引导学生体会"独特、迷人"。什么是独特？

就是独一无二，乡下人家有，城里人家没有；乡下人家有，草原人家没有；乡下人家有，海滨人家没有。这才叫独特，这才叫独一无二。什么是迷人？就是美得让你如醉如痴，美得让你流连忘返，美得让你魂不守舍。这可不是一般的美，一般的美也许哪里都能看得到，而这种迷人的风景只有乡下人家有。深入分析文字，才能引导学生透过文字表面琢磨、体悟背后深刻的表达与内涵。第二，引导学生思考"不论什么时候，不论什么季节"的表达意图。"什么时候"就是指一天24小时里，不管是什么时候，乡下人家都是独特、迷人的。"什么季节"就是指春、夏、秋、冬一年四季，季季如此，乡下人家都是独特、迷人的。如此一来，课文末段在教师的引导下，学生能读懂的信息、内涵、情感，是丰富且深刻的。

多读书，读好书，善读书，是新课标的具体要求，也是教师、学生需要在自己的成长过程中不断践行、不断努力的方向。如此，教师、学生才能真正体会到其中的无穷益处。

让读写成为自觉

对于很多人来说，读写是一种负担。这是我和身边教师交流"读写"话题时大家的共同看法。对于他们而言，读写自然没有成为一种自觉。

缺乏自觉意识的读写，对于读者而言，是一种负担、一种痛苦。一天之计在于晨，早上本是阅读的好时光，可是内心深处想着今天到哪里去踏青游赏。矛盾呀，左右为难，何其痛苦！晚上，也本是读写的好时候，可是内心总惦记着麻将桌上的三缺一，去还是不去？痛苦呀！复杂的内心活动让自己根本无法静心读写。

要想拥有读写的自觉性，是需要自我约束，甚至是自我逼迫的。我的第一本书便是在"逼迫"下读完的。工作第一年时，恰逢全县域启动素质教育改革，县教育局给全县所有教师每人购买了一本《素质教育》。

在读这本书的半个学期里，我总觉得时间过得很慢。柳暗花明，苦尽甘来。当怀着痛苦的心情把书读了一遍后，我的内心深处竟隐隐有一种说不出的愉悦感。书中提到了叶圣陶、陶行知、斯霞、霍懋征、李吉林、于永正等国内知名的教育专家、特级教师，名师们在书中列举的令人拍案叫绝的案例更是叫人记忆犹新。要知道，这些名字及他们在书中阐述的精彩案例，自己过去是闻所未闻的。这本书帮助我在自己的教育人生中迈出了成功的第一步，给了我无限的自信和源源不断的动力。

如何培养读写的自觉性，需要关注以下几个方面。

首先，要让自己拥有长远的阅读目标。

对于教师而言，阅读是需要有长远目标的。方向决定力量，没有正确方向的努力，没有长远目标的努力，往往是白费力气。教师要明白努力读书的最终目的是成为教书育人的"大先生"。长远目标的达成是建立在一个个近期目标达成的基础上的。因此，确立合理的、科学的近期目标，并努力、出色地完成，才是首要的。在数量上，要确定自己一天、一个月的阅读数量。在质量上，读了一天书后，要问问自己：收获是什么，能否把当天所读的内容进行复述、理解，能否结合自己所读内容写一篇或长或短的读书心得。如此科学、合理地从阅读数量、阅读质量上确定自己的近期目标，就能确保长远目标的达成与实现。

其次，对书籍永远保有好奇与兴趣。

有了对书籍的好奇与兴趣，阅读便有了成功的开端。一股脑儿地蒙头读，往往会弱化对书的好奇与兴趣。教师可以从书的目录入手，从目录中寻求自己特别感兴趣的章节，然后保持一种好奇、主动的状态去读好其中的某一两个章节。当发现书中有太多的不可思议，太多的精彩内容后，就会对整本书的阅读有强烈期待。这时，教师可以带着具体的要求再去阅读整本书。这种对书籍的好奇与兴趣能让阅读的效果更佳。

最后，让自己掌握一定策略。

阅读是讲究方法的。会阅读的人一定有一套相对成熟的阅读方法。朱子读书六法值得广大读者在阅读时使用。一是循序渐进，强调阅读要从易到难，从浅到深，从近到远，急不得也慢不得；二是熟读精思，强调阅读不但要对书中的内容了如指掌，而且要细心斟酌书中内容之意；三是虚心涵泳，强调阅读要尊重原著，探明原意；四是切己体察，强调阅读时不能只在纸面上做功夫，必须将书中道理与自己的生活结合起来；五是着紧用力，强调阅读必须抓紧时间，发愤忘食；六是居敬持志，强调阅读时要有坚定的志向，且态度端正、专心致志。

若一个人在阅读时，拥有自己明晰的阅读目标，对书籍充满好奇与兴趣，掌握科学、合理的阅读策略，读写自觉性的养成就有了前提保障。当教师拥有读写自觉后，就需让自觉成为阅读品质。那么，如何让读写自觉的好习惯形成品质呢？这里有三点建议：

一是读写需要思考。

学而不思则罔，思而不学则殆。读写就是学习，学习就需思考。有了思考，读写才是有意义的。当读着课文《鲁滨逊漂流记（节选）》的题目时，我们脑海里如果只是记住了课文名称，或是记住了"鲁滨逊"这个人，或是记住了"漂流记"这样一件事，这种读写几乎是没有思考的，自然不能提高读者的阅读能力。真正会阅读的人，在读完题目后就应该发散自己的思维：鲁滨逊在漂流过程中经历了哪些惊心动魄的事？面对一个个困难，鲁滨逊是如何克服，如何战胜的？鲁滨逊最后的结局是怎样的？获救了之后又可能有怎样的结果？如果没获救，继续没完没了地漂流，又会经历一个个怎样的困难？带着思考去阅读，并在阅读过程中圈画、做批注，这样的读写才是真正的读写，因为思维时刻在运转着。

二是阅读需要反复。

阅读时不能只关注书中的内容，或只关注书中的精彩内容，书中语言表达的风格，精彩内容背后的表达意图，语言文字表达的形式等都需用心琢磨、咀嚼。这样一来，就需要读者在读书的过程中，在一些重点、关键的词语、句子和章节处，反复阅读、细细品味。例如，在阅读《鲁滨逊漂流记（节选）》时，当读到鲁滨逊在荒岛上如何解决住宿、饮食等问题的段落时，就需要放慢阅读速度，反复品读，反复体悟，从中感受鲁滨逊的人物特点。在读这类外国名著时，书中人物的特点绝不能由教师告诉学生，而是需要学生在教师的引导下，主动体会、仔细揣摩。这种在重点处、关键处反复读、读中思、思后读的做法，是一条能切实提高阅读效率的路径。

三是阅读需要融通。

读文章不能只盯着一篇读，同样，读书也不能只盯着一本读，读者需要有强烈的融通意识。我在教授《慈母情深》一文时，就引导学生抓住文中对母亲的四处外貌描写和描写母亲语言的句子来体会母亲的人物特点。只从课文本身来读，只能对梁晓声的母亲有一定的理解。可是，为什么梁晓声笔下只有"慈母情深"，却没有"慈父情深"？为什么他就不能像吴冠中那样写出一篇《父爱之舟》的文章来呢？这就需要读者在读书时拥有融通意识。在读梁晓声《慈母情深》这一篇课文时，学生应该对梁晓声的《梁晓声文集》有一个全面的阅读与理解。

从文集中可知，梁晓声的父亲和母亲都是文盲。父亲希望自己的孩子长大后能凭力气养家糊口。母亲虽然是文盲，却是一个崇尚知识的文盲，她始终希望自己的孩子能从小立志努力读书，成为有文化的人，长大后靠知识立足于社会。梁晓声的父亲长年在大西北做事，一年难得回家几趟。因此，梁晓声和他的兄弟们是在母亲的关怀下成长起来的。

有了对《梁晓声文集》的阅读，学生在读《慈母情深》一文时，就会明白，为什么作者的母亲在那种挣钱极其不易的情况下，只要孩子需要钱买书，都会毫不犹豫地给，即使没有钱，也会想方设法去借钱。可见融通意识的重要性。同样是读《慈母情深》，当学生读到"母亲大声问：'你来干什么？'"时，教师质疑，母亲为什么要大声地问？学生很快从前文中找到"七八十台缝纫机发出的噪声震耳欲聋"的句子，不仅明白了母亲大声问的原因，还能体会到母亲工作环境的恶劣。梁晓声第一次发现原来母亲长年在如此糟糕的环境里做事，这也为后面他每一次回答母亲的问话时总是支支吾吾、吞吞吐吐进行了有效铺垫。读书有了融通意识，就会联系前后文读，就会联系文里文外读。如此，就能把书读厚，文中人物的性格特点就能读得饱满、厚重。

让读写成为自觉，让自觉成为习惯，让习惯成为品质，努力去追求有益、有效、有趣的读书状态。

阅读共鸣

从教近三十载，起初读书，尤其是阅读专业类的书时，我完全是被动的，纯粹是为了完成学校布置的任务，或是隐约担心自己被淘汰。可时间长了，阅读渐渐成了我的一种习惯。我阅读，我需要；我阅读，我快乐。一日三读，犹如一日三餐，不可或缺。尤其是夜读，倦鸟归巢，夜深人静，沉浸书海，陶醉其中的感觉，甚是享受。

读着读着，我发现自己变得越来越喜欢主动思考。在书中遇到自己不解的任何现象或事情时，我总喜欢琢磨一番。有的时候能思考出个头绪来，有的时候纯粹是瞎琢磨，但这都无妨。总之，全然地进入思考的状态，是挺惬意的。

正因为我的阅读总是伴随着思考，所以在阅读时我总能与书中内容产生许多思绪上或是情感上的共鸣。

例如，当反复阅读《乡下人家》一文时，我总是琢磨着，作者描写的难道就是我的家乡吗？甚至会冒出怪异的想法：我怎么就没有早点儿动笔描写自己的家乡，说不定我笔下的《乡下人家》比书本上的更独特、更迷人，说不定此时教材上《乡下人家》的作者就是我了。

读专业书籍时，我常常被书里一篇篇文章的观点所吸引。之所以被吸引，除文章阐述的观点新颖外，更关键的在于有时文章所阐述的观点似乎与自己某一时刻的观点完全一致。于是，我的内心产生了后悔，亦产生了妒忌。之所以后悔，是想自己当初为什么不及时总结呢？之所以妒忌，是想，要是我当时及时总结，这观点、这文章不就是我的了吗？

在阅读中，我时而因自己的思考或观点与别人文章里阐述的思考或观点近乎或完全一致而欣喜；时而因别人对文章的谋篇布局与自己曾写过的文章构思近乎或完全一致而欣然；时而因别人的文章引用了我某篇文章中描述的案例或阐明的观点而欣慰。在一次次阅读中，我的思考、观点、情感，总能与别人文章里的思考、观点或情感产生共鸣。也许这就叫英雄所见略同，或叫惺惺相惜吧！

阅读共鸣能让读者产生一股更加强大的阅读内驱力。生活中，正是因为这种阅读共鸣时常发生，所以我对书产生了极大的阅读兴趣。旁人常说，你恐怕是着魔了。着魔也好，痴迷也罢，我想，它能让我的生活变得更加充实、快乐，让我变得更加自信、强大。这些，是不争的事实。

有人质疑，读那么多书有什么用？其实，读书能增长见识，能提升素养，能让语言表达能力更强，能让思维更缜密。上述绝不是读书的全部益处，但仅这些就能让你获益许多。只不过，你真的潜心阅读了吗？你真的能坚持阅读吗？你真的是主动快乐地阅读吗？

被动阅读是痛苦的。一行行文字在你的眼中失去生命，没有情感。你会觉得自己的心神无法平静，你会觉得自己的脑袋要爆炸。你的内心只想逃避，只有苦闷，只有无奈。相反，你若是主动阅读，你就会乐在其中。喧闹的车厢里，你如入无人之境；昏暗的厅室里，你屏息凝神；美食佳肴于眼前，你全然不顾。阅读于你是第一要务，有了阅读，你的世界就是快乐的、充实的。你沉浸在文字的世界里，贪婪地吮吸着文字的精华，积累着一处处佳词妙句。你的心绪与作者的心绪同前行，你的脉搏与作者的脉搏共跳跃。

古人云：宁可食无肉，不可居无竹。我想，乐于阅读的你，面对美食、书籍两者不可兼得时，定然会选择后者。因为选择了后者，就是选择了快乐，选择了充实，选择了无穷的精神力量。

有书的日子，其乐无穷；有书的日子，入眠安然；有书的日子，精力充沛。

　　在书海里，在文字间，你的灵魂时刻在惬意游走，你的内心有种莫名的充实，你的眼界会更加开阔，你的心胸将更加宽广。当你的思考、观点、情感与书里的语言一次次产生共鸣时，你将会产生无限的力量。这种力量会让你对书籍痴迷，甚至入魔。

　　入魔是一种境界，共鸣是一种享受。

第二章　谈谈读书的那些话题

读书的数量谈

读过的书达到一定数量，人的能力就会发生质的变化。读书数量的多或少是一个人阅读能力强或弱与水平高或低的前提。要读多少书才合适呢？

首先，读书数量因人而异。

也就是说，对于读书的数量不能一概而论。之前遇到过一个喜欢读书的教师，他称自己每年大约读50本左右教育教学专著，这个数量是挺不错的。我一年里阅读的教育教学专著在24本左右，基本上做到每半个月阅读一本。当然，除24本左右专著外，我每年坚持订阅《小学语文教与学》《小学语文》《语文教学通讯》三种教育杂志。这样一来，36本学科杂志也是我一年里长期、持续阅读的内容。24本左右教育教学专著再加36本学科杂志，就是我一年里读书的数量。基于自己当下的阅读能力与水平，这个数量是适切的，年轻教师或阅读能力较弱的教师可以根据自己的实际情况适当减少。读书绝不是为了攀比，谁读得多，谁读得少，而是要看谁在相对适切的数量上收获最大的读书效能。有的年轻教师跟我说自己一个月读一本教育专著，我的回答是，如果一个月能读透一本教育专著，就是有益的。反之，若只是求达到一定的数量，而淡化对书中内容的理解，就失去了读书的意义。

其次，读书数量因书而异。

有的经典之作需要读者反复阅读。读一本经典之作，别说是一般的读者，就是许多阅读能力很强的学者都会花上半年，甚至更长的时间。

如四大名著之一的《三国演义》，读者应先初读，再精读，最后品读。接着还应前后联系着读，以点带面地读，抽丝剥茧地读，对书中的每一个人物的特征都读明悟透。以《三国演义》中《草船借箭》这个故事为例，一个篇幅不长的小章节，就值得读者花上几天的时间细读细品，细琢细磨。诸葛亮是这个章节里的核心人物，在读书时，读者就要透过语言文字体会诸葛亮的人物特点；同时，也要注意体会周瑜、鲁肃、曹操这些人物的特点；再往深处读，就要思考周瑜、鲁肃、曹操这三个人物和诸葛亮之间存在着怎样的密切关系，如果没有周瑜、鲁肃、曹操这三个不同特征的人物，诸葛亮的人物形象又该怎样呈现？常人谈起《草船借箭》就只知道诸葛亮，说起《三国演义》就想起诸葛亮，可见，诸葛亮是一个很重要的角色，具有鲜明的人物个性特征。如果《草船借箭》这个故事就已把诸葛亮的神机妙算全部表达了出来，那其他章节的描写是不是就多余了呢？以上种种思考与猜测就是读者在读《三国演义》时应该要做的。这般阅读，尽管只是读了一本书或一套书，在数量上看的确很少，但从质量上看，那是能实现读一本大于十本的效果的。

可见，读书的数量没有定数，既因人而异，也因书而异。当然，对于读书人而言，当读过的书达到一定的数量时，其质也会逐渐发生变化。怎样才能让读过的书发挥其真正的价值呢？

一是坚持阅读。

选择了读书，就要坚持，不能"三天打鱼，两天晒网"。从第一本开始，积少成多，聚沙成塔。只要能够做到持之以恒，读书的数量就会不断攀升。在读书的过程中，有一个非常好的习惯值得大家学习与借鉴。年轻教师李成玉从2020年1月份开始列书单，读完一本书，就在自己笔记本上写下书名及读书的起止时间。这样列书单的做法，无形中督促了她天天阅读。坚持到 2023 年 12 月，近四年时间，她的笔记本中记录自己阅读过的书已有 140 本，平均每年阅读 35 本专著。在南昌市东湖区举办的第三届名师工作室博览会上，她作为名师工作室成员讲述了自己的读书故事，我非常感动。于是，我决定于 2024 年世界读书日这一天，以区教师发展中心的名义，举办东湖区第三届青年教师李成玉"书写"浪漫报告会，以求让她的读书经验辐射更多的年轻教师。

二是只管攀登不问高。

对于读书人而言，读书应该要成为一件自然而然的事，绝不可为了读书而读书，尤其是在读书的数量上攀比、造假。一个人读不读书，读书数量的多与少，外人是可以从他的言行举止或是文字表达中作出评判的。试想，若教师在口头语言表达时，词汇匮乏、表达无序、毫无逻辑，即便他吹嘘自己多么爱读书，也只能成为大家言谈中的笑柄。同样，一个人在动笔写文章时，思路迟钝、语竭词穷，在具体表达时，文不从、字不顺、无逻辑、无章法，就能断言其读书是没有达到一定程度的，最起码读的书一定不多。反之，若读的书到了一定的量，读者遣词造句、布局谋篇的能力，以及眼光格局、观点主张，都是能达到一定高度的。牛顿说，我是一个时刻站在巨人的肩膀上向上攀升的人。我想，这巨人的肩膀应该指一本本有分量的书。而这一本本书需要读者坚持阅读，才能发挥其强大的功能。去阅读吧！只管攀登不问高，自然就高。读着读着，你的素养、能力、眼界就会发生质的变化。

三是欲速则不达，一味求多非益事。

读书是慢功夫，不能急于在读书的数量上下功夫。究竟要读多少本书，人才会发生质的变化呢？打个比方吧，就像做农家饭时熏锅底一样。当你盯着燃烧的柴火时，你便很难看到被火苗熏黑的锅底；可当你不去注意它，不刻意强调它时，日复一日燃烧的火苗竟把锅底熏得漆黑，整个锅底还会因此而留下一层厚厚的烟灰垢。换言之，我们既要强调读书的数量对一个人自身素养、能力提升的重要性，又要相对弱化短时间内读书的数量。读书是一个细工慢活，要想看到质的变化，就需要坚持阅读，坚持在阅读中对书中的知识进行汲取、内化。

读书数量是相对的，要符合一个人的成长规律。读吧，读吧，别问为什么；读吧，读吧，别问读了多少本；读吧，读吧，其实你已在变化。

读书的质量谈

在《读书的数量谈》一文中，我强调一个人读过的书达到一定的量，就会悄然发生质的变化。的确，读书是需要一定数量的，否则很难提升自身的素养与能力。

但是，只有读书的数量，没有读书的质量，读书的最终价值还是很难体现，最起码会大打折扣。

读书过程中，怎样才能实现读书质量的提升呢？

首先，要养成良好的读书习惯。

好习惯的养成，最初都是需要一定的强制性要求的。一个人要想养成良好的读书习惯，应该在最初接触书籍时就要求自己必须怎样去读书。例如，低年级学生对绘本特别感兴趣，因为绘本以图画为主，文字也简短易懂。当低年级学生捧着这样的一本本绘本时，应该怎样去读呢？一般要做到以下三步：第一，让学生自由读图，让学生学会与图画中的人物进行对话。与一张张图画对话的过程，其实就是学生充分发挥想象力的过程。在这一环节中，学生的想象力也能得到有意或无意的训练。第二，让学生尝试读读图画下面简洁的文字。一来二去，学生不仅识字量会增加，对文字的感悟能力也会越来越强。否则，对于低年级学生而言，一味地读文字，或是读大篇幅的文字，就可能导致学生因不理解许多文字而厌恶读书。第三，让学生图文结合着读。读图时若有不明白之处，可以借着文字进一步理解；读文字时若有不理解之处，可以借着图画加以理解、体会。

其次，要掌握有效的阅读方法。

读书有快慢。快速读书，怎样才能兼顾质量？慢速读书，又应该怎样才能兼顾质量？快速读书，不能一味求快，而应能够通过一定速度的阅读，将单位时间内能获得的信息量最大化。快速读书，有三点必须时刻做到：一是通过快速读书，能对文章或书本的主要内容做到准确把握并能加以概括。二是通过快速读书，能对书中主要人物的特点或主要表达的情感体会到位。三是通过快速读书，能对文中的精彩段落或精彩章节有较深的理解与把握。慢速读书，有三点也得强调：一是在慢速读书的过程中，要学会对重点字词句细读细品，体会文字背后的具体内涵。二是在慢速读书过程中，要能够对文章的布局谋篇有深刻把握，对文章的行文结构等技巧既能体会到位，也能实现学以致用。三是在慢速读书过程中，要能够结合生活经验或文字积累，把薄书读厚，再把厚书读薄，进而把书本里的精彩表述或环节内化为自己今后读书或写作时的具体行为。

最后，要拥有一流的读书品质。

一个人读书品质的好与坏也是衡量其读书质量高与低的关键标准。读书品质具体指什么？它包括良好的读书习惯、有效的读书方法，还包括一个人对书中文字的感悟与理解能力。当读着老舍笔下《北京的春节》一文中"孩子们喜欢吃这些零七八碎儿，即使没有饺子吃，也必须买杂拌儿。他们的第二件事是买爆竹，特别是男孩子们。恐怕第三件事才是买玩意儿——风筝、空竹、口琴等，和年画"这一句时，第一要务是能迅速读出这个句子主要讲了三件事：买杂拌儿、买爆竹、买玩意儿；第二要务是能迅速体会出，这些数字表达了孩子们有吃有玩儿的愉悦心情；第三要务是能迅速从"零七八碎儿、杂拌儿、玩意儿"这些表达中感受到老舍笔下那带着"京腔京味儿"的语言表达特点。拥有一定的读书品质，读者才能在阅读过程中实现自主理解与思考。

在长期读书的过程中，良好的读书质量能让读书的价值得到进一步彰显。然而，如果一味追求读书质量，往往会走向许多误区。

误区一：提高读书质量就是要把文章细细剖析

这是一种比较常见的读书现象。许多人认为只有把文章分析得越细越透，才能说明读书的质量好，这显然是一种误解。长期以来，教师在教学中就屡屡犯了这一致命的错误。例如，教学文言文《学弈》一文时，教师担心学生不能准确理解文言文的意思，往往会逐字逐词逐句地向学生解读。这样剖析文本，学生学得也是支离破碎，看似什么都学了、都懂了，其实学不到重点，思维也没有得到实质性的训练。教学中，如果教师能够很好地抓住课文背后的相关练习题，就能抓住教学的重点。以下是我对该文背后相关练习题的解读：

"正确、流利地朗读课文。背诵课文。"可见，学习文言文不是要对文中字词一一解释、解读，而是要注重两点：朗读、背诵。

"联系上下文，说说加点字的意思。"这考查的是对文言文中关键字的理解，理解了关键字的意思，对句子的理解就容易了。同时，理解关键字的意思也是有方法的——联系上下文。

"对照注释，想想每句话的意思，再连起来说说故事的内容。"强调文言文学习中注释的重要性。

从这些课后习题可以明白，学生在学习文言文时，对文言文的文字意思只需要理解大意，而不需要抽丝剥茧。在学习文言文时，学生应关注文言文讲了什么，知晓其大概内容就行。

误区二：提高读书质量就是要在考试中得高分

客观地说，若在考试中得高分，是可以说明读书质量是不错的。但是，如果一味地把这两者等同，就容易出问题。例如，在实际中，一部分考试得高分的学生，其读书质量并不理想，高分是靠大量刷题来实现的。在重复、机械的刷题过程中，学生的思维僵化，刷到过的题就能答对，没有刷到过的，就无法答对。学生读书质量的提高还得从真实、认真、长期的读书过程中获得。多读书、读好书、善读书，才能真正实现读书质量的提高。

读书是要讲质量的。有了高质量的读书，读书的价值才能得到更好地彰显，读书的意义才能真正发生。高质量的读书，是读者读书兴趣、读书习惯、读书方法、读书品质的综合体现。它不是一日之功，只有日久天长才能看到效果。

读书的方法谈

  会读书、善读书的人一定是有着有效的读书方法的。好的读书方法和读书的数量、读书的质量都是密切关联着的。

  于我而言，我正是在从不会读书到会读书、善读书的过程中，从不懂得读书方法到逐渐学会并拥有良好的读书方法的。最初自己不会读书时，读书总是漫无目的，为了读书而读书，总觉得手里捧着书读就是有效读书。其实，那顶多叫看书，谈不上读书，读书自然是低效或是无效的。

  拥有了有效的读书方法，就能在读书过程中有效解读相应的问题或达到预期的目的。

  例如在教学《真理诞生于一百个问号之后》时，教师应从课题入手，引导学生读课文后思考："真理诞生于一百个问号之后"的含义是什么，再说说自己从中受到了什么启发。这样，学生在读课文时，目的是非常明确的。显然，引导学生采用默读的方式，快速把课文通读一遍，能够让学生对课文有一个整体的感知与把握，进而就能很好地理解课题的含义并从中受到具体启发。在接下来的教学中，教师应该引导学生明白："作者列举了哪几个事例证明自己的观点？每个事例是按怎样的顺序写的？"在这一环节中，教师要引导学生细读课文，深入具体文本段落，一一读懂作者列举的三个具体事例，并思考每个事例的具体描写顺序。在整个教学过程中，教师引导学生边读书边思考，用旁批或笔记把心得写下来，以实现对文本的更好理解与体会。遇到读不懂的地方要学会随时向别人请教，或者去读书、查资料，琢磨解决问题的办法。

在教学过程中，正是因为自己善于引导学生利用多元的读书方法，学生读书时才能更容易地读懂、读通、读透。

要想读好书，有哪些读书方法是值得借鉴的呢？

一是学会在读书过程中进行圈画。

圈画不是乱涂乱画，翻开许多学生的语文书或课外读物，你能看到里面的文字全部被各色的水彩笔画完了，显然，这样的圈画是没有效果的。这只是形式上的画，并不是学生在读书时留下的思考痕迹。

1905 年，清政府任命詹天佑为总工程师，修筑从北京到张家口的铁路。消息一传出来，全国轰动，大家说这一回咱们可争了一口气。帝国主义者却认为这是个笑话。有一家外国报纸轻蔑地说："能在南口以北修筑铁路的中国工程师还没有出世呢。"原来，从南口往北过居庸关到八达岭，一路都是高山深涧、悬崖峭壁。他们认为，这样艰巨的工程，外国著名的工程师也不敢轻易尝试，至于中国人，是无论如何也完成不了的。

教学《詹天佑》一课第 3 自然段时，学生在教师的引导下边读边思考，用笔在"消息一传出来，全国都轰动了""能在南口以外修筑铁路的中国工程师还没有出世呢""这样艰巨的工程，外国著名的工程师也不敢轻易尝试"等句子下面画了横线。课堂上，我低语一一问了学生，为什么要在这些句子下画横线。学生的回答依次是：听说中国已有能修筑京张铁路的工程师，这是多么扬眉吐气的事，因此，全国轰动，举国欣喜；即便清政府已任命詹天佑为总工程师，可帝国主义者依然认为这是一个笑话；是呀，如此艰巨的工程，连外国著名的工程师也不敢轻易尝试，这怎能不叫国人为詹天佑捏一把汗呢！看来，学生在相应的句子下用横线或波浪线画下来，是有自己的思考与体会的。正所谓"圈画是思考的痕迹"!

二是学会在读书过程中作批注。

同样是教《詹天佑》一课的第3自然段，为了让学生能更好地理解、体会文本内容，我引导学生在读书的过程中不仅要圈画，还要学会在相应句子旁写下自己的批注。片刻，有学生在"消息一传出来，全国都轰动了，大家说这一回咱们可争了一口气"旁写下"真是令人扬眉吐气"；有学生在"能在南口以外修筑铁路的中国工程师还没有出世呢"旁写下"太不把中国放在眼里"，也有学生写下"帝国主义者多么自以为是"，还有学生写下"帝国主义者为什么能够这般轻视中国人呢"；有学生在"原来，从南口往北过居庸关到八达岭，一路都是高山深涧、悬崖峭壁"旁写下"原来如此"；有学生在"这样艰巨的工程，外国著名的工程师也不敢轻易尝试，至于中国人，是无论如何也完成不了的"旁写下"看来前面外国报纸那样轻蔑地说，也不是没有道理的"，也有学生写下"真叫人为詹天佑捏把汗！他真能行吗"。边读书边思考边做批注，有助于学生体会课文内容的思想感情及文字背后的表达意图。这也正所谓"做批注是思考的结果"。

三是学会在读书结束后写感想。

写感想，一般就是指写读后感。写读后感，不是要长篇大论，强调要写多少字，而是重在让学生写下自己的真切体会与感受。读后感，可以是针对文中的关键句子或段落写体会，可以是结合自己的生活实际写感受，可以是结合课文的写作目的写感受，可以是结合课文的表达方法写感受。写感想，强调针对一个方面或是多个方面来写，而不需要面面俱到。面面俱到反而难以谈深写透。学习了《真理诞生于一百个问号之后》，学生写下了这样的感想：

"学习课文后，我更加清晰地认识到独立思考的能力与锲而不舍的精神的重要性。在学习中要做到善于独立思考，不事事依赖教师的讲授或父母的指导。教师的讲授或父母的指导虽然能帮助我们快速解决一个个具体的问题，但我们也失去了训练自己独立思考的机会。另外，锲而不舍的精神强调的是做事贵在坚持，不达目的誓不罢休。有了锲而不舍的精神，我们就不再畏惧任何困难，反而会有一种主动去挑战困难的意识。"

在读书过程中，当掌握了一定的读书方法，我们读书的效率就会更高。不管是读一篇文章，还是读一本专著，良好的读书方法能帮助我们在具体时间内有效达成读书目标。当然，教师在运用读书方法时，要做到灵活运用，不能僵化、单一，要因书的内容灵活采用最适切的读书方法。可以是圈画，可以是做批注，可以是写读后感，还可以运用更多元的方法，如读书前的猜读、读书时的思辨、读书后的交流等。拥有有效的读书方法，就能促进读书目标的有效达成。

读书的方向谈

于读书人而言，读书是需要明确方向的。有了明确的方向，就知道读书是为了什么。我们究竟是为了什么而读书呢？少年周恩来提出"为中华之崛起而读书"，这是一种伟大的抱负与理想。

今天，对千千万万的中国人来说，又是为了什么而读书呢？答案肯定是多元的，但只要每一个中国人愿意读书，愿意通过读书获取知识与力量，为中华民族伟大复兴做出自己的贡献，读书就是有价值的。有价值的读书就是读书人应积极向往的方向。

方向决定力量。有明确的读书方向，读书的意义就会日益体现。在小学语文教师的岗位上时，我读书就是为了通过不断地阅读小学语文教学方面的教育专著和学科杂志，从中获得先进的学科教学理念、灵活的教学策略，进而努力把教学理念、教学策略转化为自己的课堂教学行为，成为优秀甚至卓越的学科教学名师，最终让自己所教的每一个学生获益。那时，我长期到邮局自费订阅《小学教学》《小学语文教师》，还向身边的教研员、学科名师借阅过一些学科教学方面的教学专著。最后，这些被我借阅过的教学专著，都被自己一一从书店或出版社买回再阅读。这些杂志和专著里的许许多多的教学理念和教学策略都在那个时期我的课堂教学中得到了积极运用。

现在，我已从学校的一线语文教师成为区域的小学语文学科教研员，我依然继续选择学科教学杂志和教育教学专著阅读。但是，在具体阅读的杂志和专著上，我有了不一样的选择。我阅读的杂志变成了《小学语文教与学》《小学语文》《语文教学通讯》。另外，由于如今可阅读的教育教学专著极为丰富，因此，学科教学类、课程建设类、管理类等各种书籍我都有一定的涉猎与研读。在杂志和专著的选择方面，我之所以有较大的变化，是因为自己工作角色的变化，新的工作角色带给了我新的读书需求。如果不读课程建设类的专著，又怎能更好地指导区域学科教师进行课程建设与改革工作呢？

从自己所读杂志和专著的改变来看，我的读书方向有了一定的调整。然而，这不是自己读书大方向的改变，因为自己读书的大方向仍然是期望提升自己立德树人的能力与水平。这一点，不管自己是一线语文教师，还是区域小学语文学科教研员，都是完全一样的。否则，读书对自己而言，意义就不大，方向自然就走偏了。

如何让自己的读书方向始终处于正确的状态呢？

一是牢记自己读书的最终目的。

立德树人是教育的根本任务，而一切教育工作者，包括一线教师、学科教研员，都希望通过读书提升自己的素养与能力，让自己能更好地引导学生立德树人，成为新时代德、智、体、美、劳全面发展的中国特色社会主义事业的接班人与建设者。换言之，能够实现更好地引导学生立美德、树好人，就是教师读书的最终目的。不同群体读书的最终目的自然各有不同。例如，学生读书的目的是求学，实现学业上的不断攀升及自身素养与能力的不断提升，最终成为能为中华民族伟大复兴贡献力量的有用公民。不同群体在最初或读书过程中的目的是存在差别的，但最终都应向着同一个目标。

二是牢记自己读书内容的选择。

如前面所说，一个读书人要想让自己的人生彰显更大的价值，对阅读内容的选择是至关重要的。否则，东一榔头西一棒槌，漫无目的地读书，看似很用心，其实效率很低。有教师说自己什么书都读，如散文、小说、诗歌、教育专著、学科杂志，还有一些不同领域的杂志，这些教师读书的面的确广，但如果他们对自己所读的每一篇文章或是每一本专著都无法深入，自然感受、体会不到书中的精彩与精华。因此，我还是倡导教师在阅读内容的选择上力求专一些。根据自己从事的教育学段、教学学科，从不同学段学生的实际情况和不同学科教学的特点出发，选择针对性较强的杂志和专著阅读。如此，读书的过程，不仅是从书本里获取新的知识和理念的过程，也是不断对照自己的教学理念、教学行为，进而有效反思自己的教学理念是否先进，教学行为是否科学的过程。教师能够做到有针对性地读书，其读书的过程就是不断汲取、思考、对比、提升的过程。因此，对于读书人而言，从其所选择的具体书的内容来看，就能知道其读书方向的确立明确与否、正确与否。恰当的阅读内容既能实现宝贵时间的有效利用，也能让自己的素养与能力实现提升。

三是牢记自己读书方法的常态运用。

对于读书人而言，读书是一种常态，是生活中不可或缺的一部分，同理，读书方法的选择与运用也要成为读书人的一种常态，即习以为常。为什么要在谈及读书方向时，提到读书方法的常态运用呢？因为读书方法的常态运用能让读书更好地向着读书方向迈进。没有读书方法的常态运用，即便有明确的读书方向，也终将无法抵达读书的最终目的。从一定意义上说，对于读书而言，良好的读书方法，尤其是读书方法的常态运用，能让读者不断地向最初的读书方向奔赴与努力。那样，读书的价值与意义就越发得到彰显，因此，读书方法的常态运用就显得至关重要。能够常态化运用读书方法的教师在奔赴读书方向的过程中，会兴致勃勃、全力奔跑，否则，就会漫无目的，逐渐掉队，甚至放弃。

四是牢记自己的读书兴趣并不断保持。

要想不断保持自己的读书兴趣，就得不断激发自己的读书兴趣，让自己对书保持好奇与渴求之心。教师只有保持浓厚的读书兴趣，才能永不止步地向最初确立的读书方向前进，否则，其在读书的过程中，往往就会半途而废。试想，一个读书的人在读书的过程中若时刻处于被别人逼着读书的状态，那必定是极为痛苦的。反之，如果是自己主动阅读，积极向往，捧着自己心爱的书总是手不释卷、不知疲惫、享受其中，那么，这种积极的、兴冲冲的读书兴趣，就是让读者朝着读书方向前进的不竭动力。

一个读书人，只有当自己有了明确的读书方向，读书的最终价值才能得以确立。当然，在读书的过程中，需要对阅读内容进行正确选择，需要总结自己的读书方法，需要时刻激发自己的读书兴趣，如此，我们才能向着最初确立的读书方向越读越靠近，越读越有劲。

读书的兴趣谈

兴趣是最好的教师。拥有好的读书兴趣，读书效率就会倍增。因此，谈读书，就得关注读书兴趣的养成，尤其是关注如何让学生拥有良好的读书兴趣。

回想自己在小学至师范学校的读书期间，对于读书，是丝毫没有兴趣的。因为对读书没有兴趣，所以在那个阶段，一是见书就头昏，无法阅读；二是想写点儿小文章，也都是一件万分痛苦的事儿。自从教后，自己读书的兴趣慢慢变得浓厚起来，至今，读书于我而言，是一种自觉行为，是生活中不可或缺的一部分。

在自己的读书历程中，我是怎样由对书本丝毫不感兴趣，到后来兴趣越来越浓厚，再到当下拥有良好的读书习惯的呢？

一是兴趣的养成最初需要一定倒逼。

有人说，好习惯的养成最初都是需要强迫的。我想，读书兴趣的养成亦如此。记得第一次"逼迫"自己读《素质教育》一书时，读着读着，我就会无端地把书本甩向墙脚处，内心生起无名之火；读着读着，自己竟不知不觉就睡着了，醒来时，已是次日清晨。即便如此，我硬是"逼迫"自己花了近半个学期的时间把《素质教育》一书读完了。在读完这本书后的第二个月，我在校级教学论文比赛中，从全校十几名教师中脱颖而出，获得了全校第一名。虽然只是一个小学校层面的获奖，却给了我极大鼓舞。我深深地体会到，只要自己认真地读书，就能从书籍中获得知识，提升能力。第一次读整本专著的经历，让我尝到了成功的滋味，也让自己对读书有了最初的兴趣。

二是兴趣的养成需要得到不断激励。

读书兴趣不是与生俱来的。教师想要培养学生持续且浓厚的读书兴趣，就需要在学生读书的过程中给予不断激励，让学生获得成就感。教师在引导学生读书时，常常会让学生于规定时间内读完，并回答教师提出的问题，若学生在回答中表现得出色，教师就会及时给予小红星或小红花奖励。如此，学生的读书兴趣就会越来越浓，读书劲头就会越来越足。

我在教学《传统节日》一课时，曾这样提问学生：在课文讲到的这些传统节日中，你最喜欢什么节日？学生答：春节。读书过程中，如果只限于这样简单的一问一答，学生读书的兴趣不可能得到更好激发，久而久之，兴趣就会渐渐消失。我便进一步追问：为什么最喜欢春节？说说理由。学生答：春节到，人欢笑，贴窗花，放鞭炮。我再追问：春节除了贴窗花、放鞭炮的传统习俗，还有哪些习俗？学生1：贴春联。学生2：贴福字。学生3：穿新衣。我又接着说：传统的节日春节里有这么多传统的习俗。难怪说，春节到，人欢笑。

教师在指导学生读课文的过程中，可以通过一次次追问，让学生感受到在回答教师提问过程中的小小成就感，而这小小的成就感就能进一步激发学生的读书兴趣。

三是兴趣的养成需要对书充满好奇。

有人说，什么样的年龄就得穿什么样的衣服。同样，什么的年龄就该读什么样的书。让一个小学生，尤其是低年级学生去读原版《红楼梦》，定是个力气活，其结果就是学生被逼着读完了原版《红楼梦》后，从此便不再读书了，因为读书太累、太可怕。教师应努力让学生在读书过程中对书产生一种想要主动探索的好奇心。要想达到这种效果，就得让学生在什么年龄段读什么样的书。

低年级学生可以大量阅读中外优秀绘本，因为低年级学生的年龄特点和认识规律决定了他们对这类书籍是比较喜欢的。学生看着书里的图画，读着书里相应的文字，理解能力、感悟能力、想象能力都能得到很好的训练。等到学生的理解能力、感悟能力等达到一定水平，他们就会主动阅读那些更有挑战性的书。他们会主动对书中的文字进行理解、感悟，甚至是推敲、琢磨、批判、争辩。

我曾经在教四年级时要求每名学生一个月里自主选择一本自己感兴趣的书来读，但是这本书要经教师看过，得到认可才能读。当时，学生陶泽林拿了一本原版《三国演义》给我，问我能不能读。最初，我怀疑他是否能读得懂，毕竟是原版《三国演义》，即便是我来读，都感觉有些费劲。我问他："你真的想要读这本书吗？"学生点着头。我又问道："你读得下来吗？如果真要读，别人读完一本书，老师给的时间是一个月，这本书有一定难度，老师给你两个月时间。"两个月后，学生读完了原版《三国演义》，还写了一篇文言文体的文章《陶泽林征战记》。现撷取文章里第一回中前三段文字。

第一回
楚王兴不义之师　泽林败楚军七阵

诗曰：五霸轮回治中原，战火轰鸣裂九州。苍龙白虎征天下，朱雀玄武乱春秋。

话说楚国之属国息国因内饥荒，息公开仓放粮，便宜未进贡粮食。时楚王昏庸无道，为奸臣唆使，令陶泽林为平息先锋，大兴十万不义之师伐息。泽林到息，知未进贡之来龙去脉，遂进谏楚王安抚息国。楚王听奸臣谗言，怒不可遏，要罢了陶泽林之官职，投入狱中。陶泽林知了明细，火冒三丈，拍桌叫道："这般小人，可使泱泱大国沦为蝼蚁之家，误了多少忠良性命！"气罢，约息公之军，反讨楚国，誓要除尽奸臣。

　　却说楚王闻陶泽林反，笑："量这小儿，匹夫怎敌我万里大楚！"旁边小人附和，朝上无人敢拦之。楚王随即令千于天王灿、裂地狂士黄撼、飞天大将单令雄、拼命旋风李定、淮阳节度使海坚、玉符节度使胡力，分六路讨伐陶泽林。

　　学生陶泽林为什么对原版《三国演义》如此着迷，就在于他对这本书充满了好奇之心。若没有强烈的好奇心，学生很难坚持把原版《三国演义》认真读完，更没有能力写出一篇长达 12000 余字的文言文体的文章《陶泽林征战记》。后来，我把他的这篇万字文言文体长文收录到了班级优秀习作集《"大侠"记》中，这进一步激发了学生陶泽林的读书兴趣。

　　没有对书产生兴趣，读书的效果就会大打折扣。如何更好地激发学生读书的兴趣？兴趣不是与生俱来的，需要教师运用一定的可行手段，或倒逼，或激励；需要教师运用科学、多元的手段去培养，去激发。

读书的价值谈

何为价值？价值就是指作用，强调积极的一面。读书的积极作用有哪些？教师应该怎样正确看待读书的积极作用？诸类问题，都值得教师去思考，去践行。

2013 年 10 月，江西省基础教育系统内的某名师工作室在南昌举办了一场以网络研修为主题的研讨活动。活动中，我被安排和于都县的黄胜老师同住一个房间。一天中午，我们聊及教师成长的话题。从黄胜老师的言语中，我能感觉到他对自己的成长方向并不明晰，处于一种使不上力的状态。

他比我大四岁，当时的我已评上省特级教师，是省级学科带头人。我对自己的专业成长目标非常明晰，他却一片迷茫，不知怎样努力才能实现自我突破。

面对黄胜老师的焦虑、迷茫，我和他谈起自己在专业成长路上之所以能够不断挑战、不断突破、不断超越的关键原因——让自己的心静下来。教师需要一股静气，具体来说，就是要做到静下心来读好每一本书，静下心来备好每一节课，静下心来上好每一堂课，静下心来设计好每一个作业题，静下心来写好每一篇教学文章，静下心来和学生进行每一次谈话。教师只要静下心来读书，潜下心来研究，实现突破、超越自我就会在不久的将来。

和黄胜老师的那番交流让他有一种茅塞顿开的感觉。回到学校后，他始终以一股子静气来读书、备课、上课、思考、研究、写作。三年后，他告诉我，他已成功评上省级特级教师。又过了两年，他撰写了自己的第一本教育专著《让孩子易动笔乐表达》。在他的邀请下，我欣然为他的专著写序。

一晃十年过去了。对他而言，十年的阅读、写作，快速成就了他自己。在于都县作家协会公众号"于都文学"里看到他的最新简介："黄胜，江西省作协会员，中国散文学会会员，赣州市作家协会理事。"读书、写作，让他在一次次挑战中突破、超越、实现自我，也享受自我。

于黄胜老师而言，坚持读书所收获的价值不言而喻。

2023年9月，安福县第二小学的旷秀文老师正式拜我为师。我对弟子素来有着严格要求。我对她说，第一个阶段需实现"三个一"目标：每个月认真读完一本教育专著，每半个月写一篇教学文章，每半年发表一篇教学文章于省级期刊。弟子秀文没有让我失望，严格按照我的要求，按时完成一次次"作业"。

其间，我帮她改过好几篇文章，因布局谋篇构思不巧或语言表达逻辑不强，我指出了许多不足。看得出，她对自己坚持了近一年的读书、写作，却始终没有取得明显进步而感到焦虑。下面是她给我的微信留言：

> 师父，现在每天都会坚持写东西，但是因没有时间修改，所以一篇篇搁置在一旁，没办法给师父批阅。我内心很焦虑，不知什么时候再上教育杂志。

次日，她又给我发了一段信息：

> 师父，坚持写日记有没有效果呀？我每天都会做，但是感觉我的语言文字，结构提炼还是没有多大提升，文字能写很多但不好，提炼也很难。专业书会看，杂志每期都在订阅。师父，请问这两块怎么克服呢？

看着她的信息。我给了她回复：

我不倡导每天写日记，可以在每天的阅读后做一些素材积累与梳理。阅读、思考、实践、写作，均要在坚持中养成习惯。所有的成功都不是一朝一夕就能实现的，也没什么捷径。我第一篇教学文章于工作第 6 年时发表在《江西教育》上，第二篇教学文章于工作第 11 年时发表在《小学教学》上。此后，才开始走上不断有收获感的写作道路。希望你能明白其理。

从回复中，她应该是领悟到了的：

嗯，师父。我每天都有看您的著作，越来越了解师父的伟大之处，每一堂课的设计都是抓破脑袋想出来的，哪能是轻而易举的呢？我会努力遵循您的理念，摸索出适合自己的成长之路。接下来一定要像您那样积累阅读素材，及时做好梳理。

我很开心，最后留下了两句话：

厚积才能薄发。如果有什么秘诀的话，那就是勤奋，十倍、百倍，甚至千倍的勤奋。

上述两个案例展现了读书的积极价值。具体来说，读书的积极价值表现在以下三个方面。

一是读书能让奋斗目标更清晰。

为什么许多教师在自己的成长（专业成长）中会逐渐失去目标呢？究其原因，很大程度上就是因为书读少了，或是长期不读书。任何一名教师从学校毕业走向工作岗位后，一般都会经历新入职型教师、合格型教师、优秀型教师、卓越型教师、幸福型教师等的成长阶段。从学校或区域教师队伍的发展现状来看，新入职教师都是很努力的。他们心怀理想与抱负，希望通过努力，在教育教学的岗位上成就一番事业，成为学生喜欢、家长认可、领导欣赏的教师。处于这一阶段的教师会较为积极地向书中或身边的优秀教师学习。

当教师经历新入职型、合格型进入优秀型阶段后，在优秀型教师这个群体里，他们就会发现教师之间的差距在逐渐拉大，工作状态也有了明显区别。大约三分之一的优秀教师开始只会凭着自己过去总结的教学经验教学，没有改变、没有探索、没有创新，久而久之，教师的教学只是一味重复，变得麻木。可以肯定地说，这部分优秀型教师是不爱读书，甚至是不读书的。剩下的三分之二左右的优秀型教师，他们之中会出现两类人：一类教师会读书，但阅读时不深入，没有阅读质量，且读得碎，阅读过的书籍不成体系。这类教师有进步，但很难实现突破与超越，很难在教师群体中再次脱颖而出，成为学科的领军人物。另一类教师会表现出极强的自我挑战意识和欲望。他们在选择读什么书、怎样读书，以及在读书的过程中怎样进行积累、梳理，怎样实现学以致用等问题上极为用心——整个读书过程有整体谋划、有时间安排、有推进路径，阅读效果自然看得见。这类教师始终在持续不断地进行有效阅读，在一次次的阅读中朝着奋斗目标不断靠近，奋斗目标也变得更加清晰。

我在 31 岁被破格评为小学特高级教师时，为自己写了篇文章《板凳甘坐十年冷，教书育人为己任》；在 35 岁评为省特级教师时，为自己写了篇文章《忘掉自己是"特级"》；在 40 岁评为中小学正高级教师时，为自己写了篇文章《评上正高，焉能止步》。我之所以会在不同的成长时间节点写文章提醒自己、告诫自己，就是因为在不同阶段的读书过程中，我会不断地更新自我、认识自我、读懂自我、找到自我。不读书，就会成为井中蛙，不知天地之大，就无法确立远大且有意义的奋斗目标。

二是读书能开阔学习视野。

人生有三种境界。第一种境界：看山是山，看水是山；第二种境界：看山不是山，看水不是水；第三种境界：看山依旧是山，看水依旧是水。

这三种境界表达了什么呢？我想，山、水依旧，只是看的人在变化。看的人为什么会变化？是因为其学习视野变得更开阔了。学习视野为什么会变得更开阔？很大程度上是因为看的人在长期的读书学习与实践总结中，能力在提高，素养在提升，眼界在打开。

今年八月的一天早上，在小区看到一棵蔷薇花开得正旺。我从不同角度拍了三张照片发在了朋友圈，并附上一句话："即便在如此热辣滚烫的日子，也依然花团锦簇、芬芳馥郁。"片刻，见好友江有庆的朋友圈里也上传了三张蔷薇花的照片，附诗一首："虽崇梅傲雪，尤钦酷暑枝。荫翳浮烈日，流火绽芳姿。"相比之下，我的言语是那么无力。这不正是读书能开阔学习视野的价值所在吗？我谙知，自己读的书还远远不够。大量的、长期的、有效的阅读，是语言积累的过程，也是言语内化的过程，更是不断开阔学习视野的过程。

三是读书能打开人生格局。

一个人素养高低的关键是看他的格局大小如何。格局小的人，会斤斤计较、患得患失，遇事畏首畏尾、焦虑不安。为什么呢？因为格局小的人，眼光必然看不远，思维必然打不开，心胸必然不开阔。有人说，格局大小是与生俱来的。其实不然。一个人的格局大小跟其受过的教育，阅读过的书籍，经历过的事情是有着直接关联的。

想起我的一名师范同学在学校竞聘中级职称的经历。当时的他因有着一定的教学业绩，被评上是板上钉钉的事。同期，跟他竞聘的七八名教师中有一名即将退休的教师，如果错过这次机会，他在退休前肯定无法评上中级职称。在即将公示分数的头一天，我的这名同学主动告诉校长，自己决定放弃这次中级职称的参聘机会。如此，即将退休的教师如愿以偿地评上了中级职称。得知此事后，我特意和他交流过。他说："虽然职称评聘很重要，但我还年轻，今后定有机会。我的主动退出，成全了工作一辈子的老教师的人生愿望。如此好事，何乐而不为？"听着同学的话语，我瞬间感到了自己的渺小。虽然这时的我已是江西省师德先进个人、江西省首批小学语文学科带头人，但扪心自问：如果是我，我能像他那样主动退出吗？后来，这事传到教育局领导那儿，领导经过多方协调，竟为学校争取到了一个额外的中级职称评聘指标。就这样，我的这名同学也在同年评上了中级职称。

我曾向他追问："你的人生格局怎这般开阔？"他笑着说："庆幸自己长期以来阅读了许多优秀的书籍。在一本本书中，我不仅实现了自己专业能力及素养的提升，也实现了自己人格的健全与丰盈。"

这便是读书所带来的积极价值。正如歌德所说：读一本好书，就是和一位道德高尚的人谈话。

读书的气质谈

关于读书的气质，并非指读书本身，而是一个人读了许多优秀书籍后，他的言行举止及待人接物中所透露出的胸襟、涵养、精神、格局等品质。

常常听人说，某人真有气质！很大程度上，一个人的气质是由他读了多少书决定的。也常常听人聊，某男士长得挺帅或某女士长得挺靓，就是缺了点什么。这"缺了点什么"就是一种自信感及独特的文化底蕴，而这需要建立在阅读大量优秀书籍的基础上。

要想让自己拥有一定的气质，读书是一条最佳路径。这是书籍独有的魅力。

读书的过程，是体味语言表达的过程。读书首先是读内容。内容是通过具体的语言文字呈现出来的，读书时应首先主动关注作者的语言表达，如语言的结构、语言的形式、语言的情感等，要在反复细品中，感受、体悟语言的精彩与美妙。长期在阅读中体味语言表达，能让我们在日常生活或工作中的语言表达更精彩。

读书的过程，是内化、表达的过程。拿到一本好书或是一篇好文章，首先应当是准确把握与理解其内容，其次则是积累。长期积累一个个精彩的案例、优秀的句子，你的见闻就会越来越广。众人相聚时，你便不再是被动的聆听者，而是精彩内容的表达者、传播者。即便你仍是聆听者，也是一名善于思考的聆听者，能在聆听的过程中积极对比、联想。长期阅读、积累、表达，你的涵养会变得越来越深厚。

读书的过程，是读者、作者产生情感共鸣的过程。当读者仔细体味书中语言、读懂书本内容后，作者所想要表达的丰富情感就能被读者深深体悟，此时，读者与作者之间就能产生强烈的情感共鸣。例如，当读到"詹天佑是我国杰出的爱国工程师"时，读者通过揣摩其中的语言表达，便会真切地流露出对詹天佑的敬佩之情。

当我们在一天天、一次次中感知、感受、感悟好书中的文字、人物、情感，内心的情感就会变得更加丰富、细腻。这种自然流淌在读者周身、洋溢在读者脸上的真切、真实、真心的情感，不正是读书气质的呈现吗？

常常羡慕这样的人：他们或是能在表达中恰到好处地插入些许典故，或是能脱口而出几句隽永的诗句，或是能把《滕王阁序》《岳阳楼记》《大鹏赋》《琵琶行》等经典古文诵背如流。他们之所以可以做到这样，并非有多大天赋，而是因为其读书足够刻苦。能自觉地在读书过程中积累精彩的语言表达，花很多时间背诵经典文章，这是极其难得的。在众人面前极为出众的表现，其背后是多于常人数倍的努力与汗水。

我特别羡慕董卿、撒贝宁这样的主持人。他们在电视节目主持中总能表达流畅，金句或典故脱口而出。他们就像一部大词典，一本百科全书，无所不知，无所不晓。后来，在董卿、撒贝宁的访谈中，我才明白，原来他们在每一次主持活动前都要做大量的准备工作，金句或典故都是经过长期积累并熟记于心的。正如《真心英雄》的歌词所言："不经历风雨，怎么见彩虹。没有人能随随便便成功。"

在电视剧《宰相刘罗锅》中，李保田扮演的刘罗锅实在其貌不扬，但他凭什么能成为六王爷的女婿，成为皇上器重的大臣，官居宰相？当看了他和诸多大臣们一次次针锋相对的对话后你就会明白：是他敏捷的思维、广博的见识，他背上的"锅"你将不再关注，你会羡慕他的真才实学，对其心生敬仰。

这样的人物形象在电视作品或文学作品中大量存在，当我们看这样的电视剧或阅读这样的书，感受到其中人物的魅力时，就会主动向其靠近，努力成为那样的人。

好友江有庆是老家婺源的一名优秀的乡村小学语文教师。初次和他见面时，觉得他更像一名质朴、憨厚的农民。后来，随着我们交往的深入，尤其是读完他的一篇篇教学文章和一首首诗歌后，我发现他在很多方面远胜于我。前不久，我把自己写的一篇《向天再借四十载 立德树人践初心》的文章发给他，请他赐教。旋即，他便写了首律诗《寄智星》。

清泉一捧出郭山，转辗奔波到江湾。
墨海泛舟朱子阙，杏坛逐梦百花滩。
本真教育谙三味，智慧课堂传九刊。
桃李满园心不已，寻芳泗水再扬帆。

读着江有庆的诗，除了感动，更是敬佩。我必须正视自己的不足，在写诗方面，我远比不上他。读着他的佳作，他在我心中不再是憨厚的农民形象，而是满腹经纶、风度翩翩的大才子。

过了几天，他又写了一篇鉴赏语。

智星，本名汪智星，出生于被誉为"最美乡村"的婺源。1995年8月参加工作，从事小学语文教育，先后到郭山、江湾、婺源、南昌工作，现就任南昌市东湖区教师发展中心主任。35岁被评为江西省特级教师，40岁成为首批中小学正高级教师。他秉承"一辈子，一件事"的理念，潜心语文教学实践与研究，撰写包括《卓越型教师如何修炼》等教育专著8部；其"本真教育，智慧课堂"课题研究成果，蜚声小语界；荣膺全国百姓学习之星、全国首届写作教学卓越名师、赣鄱先锋、南昌市最美劳动者、先进工作者等诸多荣耀。多家媒体曾以《是团火，就得燃着一片天》《秉我为烛，照亮你的人生》《辛勤耕耘教育事业的"老黄牛"》《弘扬劳模精神 发挥名师效能》《为教育努力并奉献一辈子》等为题，对他的事迹进行报道弘扬，生动地诠释了"在平凡的岗位上创建出不平凡的业绩"的真谛。他以辛勤的耕耘，执着的跋涉，实现了自己的梦想，成就了无愧于已故语文教学大师于永正赞誉的那颗闪亮的"智慧之星"。

题目中的"寄"，是古代题赠书信类诗作的一种表达方式，往往富有浪漫主义色彩。抒情表意真挚动人，对传递观点感受，交流切磋，增进友谊具有深远意义。在此，我借"寄诗"这一古老的优秀文化形式，表达对汪智星先生的仰慕之情和由衷的愿景。

首联："清泉一捧出鄣山，转辗奔波到江湾。"汪智星像一泓清冽的泉水一样，从郁郁葱葱的鄣山幽谷间汩汩流淌而出，绕过山峦，穿越浅滩，几经辗转，日夜奔流，来到了享誉华夏的江湾。鄣山，婺源的第一高峰，常年云雾缭绕，飞瀑龙吟，是著名的览物观光、休闲避暑的胜地。这是汪智星师范毕业后工作的第一站。江湾，古称"云湾"，婺源东北部的重镇，历来尚读，史上名家辈出，是江泽民的祖籍地。辖内篁岭景区，风光独特，驰名中外。江湾是汪智星工作的第二站，也是他的出生地。2001年春夏之交，江主席曾亲临江湾小学与师生共诵李白名篇《黄鹤楼送孟浩然之广陵》。

颔联："墨海泛舟朱子阙，杏坛逐梦百花滩。"在浩瀚的学海中畅游，是多么惬意的事情啊。上溯诸子百家，下游欧美教海；论语涵泳，诗赋吟波；携手夸美纽斯逐浪，对话苏霍姆林斯基探源。为了追求教育梦想，汪智星来到了南昌百花洲上的东湖。朱子阙，即朱子阙里婺源，确指婺源县城西湖凼畔的紫阳第一小学，这是汪智星工作的第三站。百花滩，即南昌市东湖区的百花洲，这是他工作的第四站。

颈联："本真教育谙三味，智慧课堂传九刊。"追求简朴，探寻本真的语文教学，一直是汪智星研究践行教育的初心。他深深地知道，语文教学要以"德、智、体"这三味为根本，以树人为中心，探索教育的真谛。文本、教师和学生三者充满情趣互动的智慧课堂，既是他的追求，也是他引以为傲的教研成果。这些成果不仅得到了实践的检验，社会的认可，还通过教育报刊和现代传媒，广为传播，服务于教学一线。"谙"领悟学问的精确与深刻。"三味"原意是经书的太羹味，史书的折俎味和子书醯醢味。亦指方正、质朴、博学的人。在这里借喻为"德智体"育人三要素，亦指语文教学中"字词句"的学习规律。"九刊"，指国家核心刊物，泛指媒体报刊，教育思想的广为传播。

尾联："桃李满园心不已，寻芳泗水再扬帆。"在这桃花艳艳，李葩芬芳，春风得意，春色满园的日子里；在这果实累累，坠满枝头，功成名就，令人钦羡的时刻，人们都说：可以歇歇脚，躺在光环上享享清福了，可是汪智星的心还是像浪潮一样澎湃，怎么也无法平静。正所谓"烈士暮年，壮心不已"，何况他还没有到迟暮之年呢。他还要发出"向天再借四十年，立德树人践初心"的呐喊，去攀登教育的更高峰。嗅着儒学典籍的芬芳，汪智星溯源而上来到泗水河畔。领略《孔子游春》的风采，探求教育的本真：让我再次扬起理想的风帆，乘风破浪遨游四海，去传播我的本真教育，去璀璨我的智慧星光。"寻芳泗水"暗喻传承孔子教育精髓，也是朱熹诗句"胜日寻芳泗水边"的点化。

其实，自我于2010年来南昌工作后，和好友江有庆也只有在老家的一次短暂见面。他的相貌给我的印象依然是当年的特征，然而，在他的作品及文字前，我是由衷敬佩的。这不正是他持续阅读优秀书籍、抒写隽美文字后，透露出的一种文人气质吗？

著名学者闫德明说："读书的厚度决定了人生的高度。"读书吧，让自己的人生更精彩、更丰富，保持读书人应有的独特气质。

专题式读书谈

早年读书，我基本上是阅读单篇文章或单本专著。随着自己的研究领域越来越聚焦，我就开始有意识地进行专题式读书。确立好阅读的专题，然后选择跟这个专题相关的系列单篇文章或单本专著来读，以求对专题有更全面的理解与思考。

自 2001 年起，我开始主动构建自己的学科教学主张。教学主张从最初的情趣型"激情、务实、求活"，到后来的情智型"智慧、本真、清简"，再到当下的基于"本真教育"哲学观下的"本真语文"教学主张。

从教以来，我围绕教学主张这样一个研究专题，先后读了成尚荣、周一贯、余文森、詹艾斌等全国知名学者撰写的深入阐述教学主张的系列文章。我还读了由中国教育报刊社、人民教育家研究院共同组编，北京师范大学出版社出版的一套"教育家成长丛书"，如窦桂梅的《窦桂梅与主题教学》、王崧舟的《王崧舟与诗意语文》、薛法根的《薛法根与组块教学》、孙双金的《孙双金与情智教育》等系列阐述教育、教学主张的专著。为此，多年来自己撰写的《"本真语文"教学主张的理论探索与实践》《儿童主体·言语本位·活动主线："本真语文"教学 21 年实践探索》等 40 余篇教学文章发表于省级以上教育期刊；出版了反映自己教学主张的专著《汪智星与本真教育》《去其浮华 归其本真：汪智星本真语文课堂 18 例》等。在研究教学主张的过程中，我能取得系列成果，一方面是坚持教学实践与研究的结果，另一方面是进行大量专题式读书的结果。专题式读书能帮助我们把许多教育观点、话题思考得全面、深刻。

自 2004 年起，我开始在作文教学领域展开研究。从最初的"游戏作文教学"，到"情景体验"式作文教学，到"情境作文教学"，再到儿童发展观视域下的"慧写作"。其中，我也坚持以专题式阅读来有效提升作文教学的效果。我先后读了李吉林、于永正、贾志敏、王荣生、陆恕、管建刚、吴勇等一大批国内在作文教学领域颇有建树的专家、特级教师的作品，在学习了他们深入阐述作文教学的论文或专著后，我对作文教学的原理理解得更透彻，在实际教学中运用得更自如，并取得了系列成果。例如，《教儿童需要的作文："情景体验"式作文教学实践与研究》获得江西省首届基础教育教学成果奖一等奖，《从"情景体验"走向"情境写作"：小学习作教学十七年的实践与探索》获首批南昌市级教学成果奖二等奖。同时，我还研发了 30 余个作文教学优秀课例，给广大教师提供了有效借鉴与参考。从一定意义上说，这些都跟自己长期坚持专题式读书密切相关。

上述两个案例足以说明专题式读书对于一名教师的专业成长是至关重要的。然而，专题式读书，也要避免一些误区。

误区一：专题一定是科学的

专题式读书，专题是关键。若是专题本身就存在不科学、不合理、不聚焦的因素，那么，接下来的短期、中期或长期的读书不但不能产生积极效果，还会带来越来越多的负面影响。例如"课堂教学有效改革"或"项目化学习实践"，这样的专题是值得不断实践、不断研究、不断探索的专题，因此，教师为之持续阅读系列文章或专著，其意义都将会日益得以彰显。反之，若教师确立的专题是"伪专题""虚专题""空专题"，那么，接下来的实践研究、专题式读书研究，只能是徒劳，会白白浪费时间。

误区二：专题式读书的策略一定是科学的

选择专题式读书，往往是教师已经确立了自己研究的专题或研究的具体方向。从我的经验来看，教师主要从以下三条路径来读书：一是以关键词为探索导向，充分利用知网的功能。例如"学科教学主张"这一专题，"教学主张"就是关键词。只要进入中国知网，输入"教学主张"关键词，就能搜索到几十篇阐述教学主张的学术论文。要是把这几十篇阐述学科教学主张的学术论文都能读通、读透，那么自己对学科教学主张的内涵、建构、运用等就能有一个全面、深入的把握与理解。二是订阅学科杂志。好的学科杂志，里面的目录也是由一个个专题构成的，而这些专题往往又是长期不变的，这就为教师长期持续阅读某一专题文章提供了源源不断的素材。三是关注国内知名出版社出版的系列丛书。由北京师范大学出版社出版的"教育家成长丛书"，就是由国内知名的教育专家、特级教师撰写的阐述教育主张、教学主张的书。由开明出版社出版的"寻找中国好课堂丛书"也是由国内著名的特级教师撰写的反映教育主张、教学主张的实践性很强的书。这些丛书为教师研究"学科教学主张"提供了极好的借鉴与参考。

误区三：专题式读书就是泛泛而读

围绕一个专题持续阅读，不是对一系列相关的文章或专著泛泛而读，而是要深入阅读与思考。专题式读书绝不是为了寻求写作时需要的一个案例或一句名言，而是沉下心来对文章或专著进行系统性阅读。通过系统性读书超越单篇文章或单本专著阅读的片面性，从而实现全面、立体、多角度的理解与思考。如此读书，能丰富读者对某一专题的立体认识与理解，这样才能为专题的深入研究提供源源不断的理论支撑和案例素材。专题式读书要解决的依然是读书的"质量"问题，绝不仅仅是"数量"问题。

多年来，尤其是对教学有了强烈科学研究的意识以来，我便更习惯于专题式读书。过去，我只注重教学实践，只注重获取教学经验，而难以获得更全面的教学理论，专题式读书帮助我补齐了这一短板。这就是专题式读书的价值所在！

任务驱动式读书谈

谈及读书，身边的许多人都会称赞我是一个爱读书的人。的确如此，我对书籍的渴求与痴迷是很深的。工作之外，我总会捧着自己喜欢的书津津有味地阅读着、思考着、积累着。

但最初的我真的不喜欢读书。是什么使我从一个不喜欢读书的人变成了一个痴迷于读书的人呢？我想，任务驱动式读书功不可没。

任务驱动式读书就是让自己带着具体的任务去读书，以求通过读一篇或多篇文章，读一本或多本书，最终完成某个具体任务。我在任务驱动式读书的过程中，也积累了不少经验。我给自己设定了以下三种任务。

一是为了写成一篇文章。

2006 年，我在《山东教育》上刊发了一篇近 6000 字的题为《新课程呼唤创新型语文课堂》的教学经验文章。当时，我在《山东教育》的年度征稿启事中得知，编辑部需要刊发课堂教学改革文章。那时的我，虽有 11 年的教学经历，但真正用心研究语文教学的时间仅有 6 年。在下定了投稿的决心后，我没有立即提笔去写，而是花了近两个星期的时间，每天下午坐在学校的阅览室里，在一本本教育教学杂志中阅读一篇篇阐述语文学科课堂教学改革的经验文章。读着读着，觉得自己脑海里文章的观点、架构就清晰了，能够表达的文章素材也逐渐丰富了。最后，我花了半天时间写下了题为《新课程呼唤创新型语文课堂》一文。文章寄往《山东教育》编辑部约莫两个月后，我就收到编辑部寄来的样刊。在细细读着刊发在杂志上的文章时，我猛地发现，编辑只帮我改了一处，即将"创新型课堂"改为了"创新型语文课堂"。这对我来说是一大进步。要知道，在2001年，我的第一篇发表在《江西教育》上的文章《我教学生写童话》在寄给编辑部时，原文近4000字，经编辑删改后，只剩900余字。

写好一篇文章的任务驱使着我去读一系列相关文章。在读的过程中，别人阐述的观点、方法，别人语言的风格，别人文章的布局，都慢慢内化为自己的东西。因此，自己真正开始写作时，也就更加得心应手了。

二是为了探究一个话题。

教学中，我们常常会为了解决一个关键或中心话题而深入讨论。讨论是有必要的，但光讨论是远远不够的。为了深入探究一个话题，就需要自己去读相关文章或书籍。通过阅读一篇篇质量上乘的相关文章，让自己对话题的核心本质，对解决话题的关键路径等有全面、深刻的理解与思考。这个过程就是任务驱动式读书的过程。

当"五育并举"的概念第一次被提出时，教育界的专家学者们都纷纷撰文阐述。一线教师不去读这些文章，就会对"五育并举"一无所知。如果教师读过，就有可能越读越清晰，但也有可能越读越模糊。不管是清晰还是模糊，说明读者在读的过程中都有过思考。之前我对"五育并举"的概念一直比较模糊，直至读到《义务教育课程方案（2022年版）》中"指导思想"里面的"坚持德育为先，提升智育水平，加强体育美育，落实劳动教育"时，才豁然开朗。后来，专家学者们又提出"五育融合"这个概念，我读完石中英、董玉雪等在《中国教育学刊》上发表的《从"五育并举"到"五育融合"：内涵、合理性与实现路径》一文后，才又一次豁然开朗。文中是这样阐述的。

总体而言，"五育并举""五育融合"作为新时代我国教育改革和发展的重要政策概念，既是不同的，不能混为一谈；又是相互关联的，不能割裂和对立。"五育并举"主要聚焦"全面发展教育的体系问题"，解决"智育"一家独大，其他各育不受重视、被边缘化的问题，重新构建和完善全面发展教育的新体系。"五育融合"则主要聚焦"全面发展教育实施机制和方法问题"，针对实践中出现的"五育"彼此孤立、相互竞争和各自为政的问题，促进"五育"的有机融合和整体实施。从这个角度来看，"五育并举"是偏重宏观的一个政策概念，而"五育融合"则是偏重微观的一个政策概念；"五育并举"是"五育融合"的基础与前提，"五育融合"是"五育并举"的深化和具体化，两者最终都是致力于培养堪当民族复兴大任的、德智体美劳全面发展的社会主义建设者和接班人这个教育根本目的。

为了探究一个关键或中心话题，在具体的任务驱动下，用心阅读，长期琢磨。这个过程，不仅能深入了解该话题，还可以极大地提升自己的教育见识与育人素养。

三是为了实现自我价值与追求。

在教书育人的过程中，教师选择任务驱动式读书往往是为了写成一篇文章，解答一个话题。当一篇接一篇的文章写成后，在一个接一个的话题被解答后，读书的最终目标指向哪里呢？任务驱动式读书还有存在的意义吗？我想，任务驱动式读书应该伴随一个人一生的成长，要帮助一个人实现自我价值与追求。为了实现这样一个宏伟的人生目标，我们就需要在一个个任务驱动下去读书、思考。自 2012 年我写成了第一本教育专著《过着语文的日子》后；时隔四年，我又于 2016 年写成了第二本教育专著《汪智星与你相约语文》；又隔两年，我于 2018 年写成了第三本教育专著《汪智星与本真教育》。从此，我给自己定下目标：一年写成一本教育专著。直至今天，我都在如期完成目标。我会在一年之初就定下自己的创作方向，尔后，就是自己长达大半年的读书思考、素材积累。我真正写完一本书的时间一般都在一个月左右。2019 年至 2023 年，我先后写成《杏梦逐梦：从乡村教师走向特级教师》《名师是这样炼成的》《卓越型教师如何修炼》《去其浮华 归其本真：汪智星本真语文课堂 18 例》《教育趁年华》等专著，都是利用寒假或暑假完成的。相信，今后亦会如此。由此可见，任务驱动式读书能很好地帮助我们实现人生的价值与追求。

任务驱动式读书能让一个人实现从"不读书"到"主动读书"再到"痴迷读书"状态的改变，任务驱动式读书能够给一个人提供无穷动力，推动着你去读书、思考、实践。

第三章　聊聊读书的那些事儿

读书与买书

作为一个读书人，你读的书从何而来？于我而言，主要是两条途径：一是借，二是买。买的途径有三种：书店、网络、出版社。上面三种买的途径，于我而言，都有一些往事值得回味。

一是从书店里买。

即使是在 2000 年，当我们走进县级、市级的新华书店，也很难看到教育教学方面的专著。我从新华书店的工作人员处了解到，在一个县城，或一个市里，真正主动购买教育教学类专著的人并不多。透过这一点也能看到，在那个时期，真正爱读教育教学类专著的教师少之又少，书店里只是堆满了各类教辅类的试卷、习题册。后来，我争取到了一些外出听课学习或参加教学竞赛的机会。1999 年下半年，我到山东省济南市听课学习；2000 年上半年，我到江西省南昌市听课学习；2001 年上半年，我到广东省深圳市参加教学竞赛。在济南市、南昌市、深圳市的书店里，虽然我如愿以偿地购得了一些教育教学类的书，但其实可选可购的教育教学类书还是少得可怜。三年里，我先后买了 7 本教育教学类专著。读着这一本本书，我常常会豁然开朗，似乎整个人都变得灵光、通透了。

二是从网络上买。

我于 2010 年来到省城南昌东湖区工作以后，主要从网络上购买书籍。我不太擅长网购，因此，在网络上购书也是非常慎重的。我书柜中的许多套丛书都是从网络上购得的。如曾天山、陈才明主编的"G20 国家基础教育研究丛书"，薛瑞萍著的"薛瑞萍母语课堂"丛书，杜成宪主编的"共和国教育 70 年"丛书，中国教育报刊社、人民教育家研究院主编的"教育成长丛书"，周子房主编的"能写作"丛书等。

三是从出版社买。

我只通过这种途径购过两回书，至今印象深刻。1999 年下半年，我刚从乡镇中心小学被选调入县城最好的小学——婺源县紫阳第一小学任教。那时县城一线教师能接触到的好的教育教学专著几乎没有。时任县教研室的小学语文教研员洪理让常常外出听课学习，也常常能买回一些好的教育教学专著。一次，我到他住的地方向他请教教学上的一些困惑。离开时，我向他借了于永正老师写的两本专著：一本是《于永正课堂教学实录》，另一本是《教海漫记》。我一读便爱不释手，用了近一个月的时间把两本专著通读了一遍。读完后，正当准备归还书时，我心想，要是自己能买到这两本书就好了。正当我捧着这两本书，琢磨着怎样才能买到时，我看到了书中版权页上的出版社及其具体地址。我随即心想，既然书是由中国矿业大学出版社出版的，只要联系上了这个出版社，我应该就能够买到了。我立即写了一封信寄往出版社，以示想买到这两本专著。

接下来是近两个月的苦苦等待。一天，我收到了出版社的回信，心想有戏了！没有想到的是，《于永正课堂教学实录》和《教海漫记》在当时属畅销书籍，首印几千册已全部售完，出版社连一本多余的书都没有。只能让我等待第二次印刷。那个时候的我，根本就不知道"第二次印刷"是个什么概念。谁料想，在 2000 年初，我收到了出版社寄来的两本书。当撕开信封时，我顿感那阵阵书香扑鼻而来。我及时通过汇款的形式，把书款汇给了出版社。接着，我又一头扎进这两本书的阅读中。后来，我还常常认真地翻读这两本书，越读越觉得滋味无穷。在读书的过程中，我的脑海里总会浮现特级教师于永正智慧、幽默的形象。但其实，我那时还未见到过于永正老师的真人，只是在书里见过于永正老师的照片。

买书就像读书一样，成了我的一种喜好。不管是在网络上，还是在书店里，只要看到自己喜欢的书，我就会毫不犹豫地买回来认真阅读。作为读书人，买书是需要拥有清醒的头脑的。一次，我从一个网络平台上看到一套由几位近代知名作家写的书，共 10 本。我便迅速买下，目的是希望正在读高中的女儿抽时间读一读，提升自身的文学素养。女儿稍微浏览了其中一本书的内容后便告诉我：这是盗版书。书中不仅有一些错误的地方，最可恶的是，书里面的许多内容及章节都还人为地被删掉了。难怪高尔基的《童年》只有薄薄的一小本！

作为读书人，买书也要量力而行。这里的"力"，并非指读者有多少收入，而是指读者对读书量的需求。一个读者，如果一个月或两个月才能读完一本书，却一次性买回十几本或二十几本，如此，即便书买得再多，也丝毫无益。建议一次性买回来的书跟自己读完一本书的周期要相关。例如，若半个月能读完一本，那么一次买两三本为宜。读完再买比买多了又不去读更有价值。我曾到过一个教师的家里参观其书房，走进他的书房，便被不计其数的书震撼住了。我随便取来一本，打开任何一页，都能看到字里行间留下的各种圈画符号及或长或短的批注，这足以证明读者是读过自己买来的每一本书的。一次，我无意间走进一间教师办公室，见其中一名教师的办公室上摆放着七八本《教育家》杂志。我很欣慰，以为这些杂志是整个办公室里的教师闲暇时的读物。但当我任意翻开一本杂志，发现里面的页面都是崭新的时，我倍感遗憾。会买书却不能有计划地读书，没留下任何阅读痕迹和思考结果，实在遗憾。

买书需要慎重选择，要选自己喜欢读且读了能真正改变自己的书。买书要量力而行，要根据自己的读书能力和读书需求去买，让买回的每一本书都能发挥它最大的价值。

读书与写书

我认认真真阅读完的第一本书是《素质教育》，时间在 1995 年年底；我写完的第一本书是《过着语文的日子》，由江西人民出版社于 2012 年出版。中间相隔了近 20 年。

15 年里，我始终坚持阅读，从最初的自我"倒逼"，到后来的习以为常，直至当下的享受其中。2001 年，我写出了第一篇相对成熟的教学文章《我教学生写童话》，发表在《江西教育》杂志上。从此，阅读与写作几乎伴随着我的每一天。然而，直至 2009 年 10 月，东湖区教育科技体育局决定为我举办个人教育思想研讨会时，我才有了写书的冲动与勇气。

当得知区教科体局要给我举办个人教育思想研讨会时，我在兴奋之余，就在琢磨着一件事——个人教育思想研讨会到底应以什么方式呈现呢？后来，我提议用三种形式来呈现这次研讨会：一是展示一个教学课例，以课例的形式体现自己的教育思想；二是做一个主旨报告，以报告的形式来讲述自己的教育思想；三是写一本教育专著，以专著的形式全面且深入地阐述自己的教育思想。我的提议很快得到了局领导的认同。于是，我开始琢磨自己的第一本专著的书名、目录、章节及具体内容。

因为有了前面长达近 20 年的阅读与积累，第一本书从构思到完成仅用了 5 个月。2012 年 3 月底，当自己的第一本书稿完成时，我内心清楚地认识到，这是自己近 20 年来阅读、思考、实践、积累的成果。写书过程并不容易，但当一篇接着一篇文章写完时，我的内心充满了成就感。

接着，我又继续阅读、思考、实践、积累了近4年。2016年7月，江西高校出版社出版了我的第二本书《汪智星与你相约语文》。第二本书用了4年时间才完成。当第二本专著出版后，我也逐渐感受到：写成一本书并非那样遥不可及。

2017年6月，中国教育报刊社和人民教育家研究院共同组编"教育家成长丛书"。当出版社向我投来约稿意向时，我真是喜出望外。在欣然应允后，我便投入写作。在不到一个月的时间里，我竟完成了整本专著的稿件撰写。对我而言，这是自己写作过程中一件具有里程碑意义的事情。

同年7月，刚放暑假，我就到井冈山上进行了为期7天的劳模休养。7天里，我住在井冈山茨萍镇上的一家宾馆里，一日除三餐外，我都是独自在房间里奋笔疾书，7天就完成了整本书稿的三分之二。

写书这件事，一回生，二回熟，到了第三回似乎有一种轻车熟路的感觉。从此，我便给自己定下任务：一年写成一本书。实际上，我写成一本书大多是花一两个月的时间。第四本专著《杏坛逐梦：从乡村教师走向特级教师》用时60天，做到了一天写成一篇3000~4000字的文章；第五本专著《名师是这样炼成的》仅用了20天时间就完成初稿；第六本专著《卓越型教师如何修炼》仅用了一个月的时间，整本书共40篇文章，一天写成一篇，周末一天完成两篇；在写作第七本专著《去其浮华 归其本真：汪智星本真语文课堂18例》时，由于白天工作繁忙，只能在晚上进行写作，我也仅用了2个月便完成了。第八本专著《教育趁年华》写得更是得心应手，总感觉书里的每一个字都是从自己的心中不自觉地蹦出来，从笔尖跳出来似的。

在写书的过程中，我也有深刻体会。写第一篇有点儿痛苦，能写时，思绪万千，肆意表达；写不出时，抓耳挠腮，半天写不出一个字来。慢慢地，写着写着，我也越来越得心应手。写作也是一件熟能生巧的事。

当下，写书于我而言，是一件特别有意思、特别有挑战的事情。我刚写完第八本专著《教育趁年华》时，别人都称赞我"高产"，都觉得，写了

8本书了，可以歇歇了。然而，我并没有停下前进的脚步，而是又开始了第九本专著的写作，并同时开始了第十本书稿的谋划与创作。写书于我而言，是一件能让自己心情愉悦、内心充实的事情。我始终笔耕不辍，乐在其中。

一个人要想成功写书，就要具备三个关键条件。

一是要想写书，先要读书。

没有大量、持续的阅读，就想写出高质量的书，只能是异想天开。读书的过程就像是存储，写书的过程就像是支取。前者是输入，后者是输出。因此，要想成为写书的人，就要先成为热爱读书的人。

二是要想写书，还要实践。

实践能让自己拥有更丰富、更鲜活、更直接的写作素材。写书绝不是人云亦云，而是表达自己的教育观点或主张。要想有自己的观点或主张，就得灵活地借助自己在教学实践中积累的一个个鲜活且典型的教学素材。这些素材都是经过自己的教学实践检验过的，既有成功的，也有失败的，它们都从不同的角度阐释了某一个具体的教学观点或主张。

三是要想写书，更要思考。

一个人不善于思考，写作之路是走不远的。有了积极的思考，笔下的文字就会不停地跳跃出来。在我写书的过程中，有时在动笔之初，想表达的内容很多，可写到一定程度，就会觉得自己的思路变得狭隘。由于自己不断地琢磨、思考，常常会"山重水复疑无路，柳暗花明又一村"。就是在这样一次次的思考与挑战中，我写书的兴趣与劲头越来越足。我写的每一本书都是自己长期阅读、实践、思考的智慧结晶。

读书与写书，是我最喜欢做的事。我常常对自己说：做自己喜欢做的事，就是玩儿。玩儿能让自己身心愉悦，更能让自己精神充盈。

读书与抄书

在你的读书历程中，你抄过书吗？我有，而且是把整本书一字不落地抄完。至今，我都有抄书的习惯。当然，后来不再是整本地抄，而是以摘抄书中的精彩段落或理论观点为主。

1997年，当时的我正在老家江湾镇中心小学教书，那年10月，正值婺源县秋口镇片区举行学科教学竞赛。（昔时，江湾镇属于秋口镇片区。）这次比赛的地点安排在江湾镇中心小学。一个乡镇派两名教师参赛，共12位参赛教师。江湾镇派我参加小学语文学科比赛，但我当时从教还不到3年，也知道自己几斤几两，心中实在没有底气。

一天，学校副校长江立源似乎看出了我的心思，远远地对我招手。当我来到他跟前时，他笑呵呵地说："智星，这本书是我刚从县教研室余主任处借来的，自己都没来得及看，先借给你看一个星期。一个星期后，就要还给我。我看完后，就得还给县教研室余主任。"接过书，我兴奋地看着书的封面，显眼的书名《文体各异　教法不同——小学语文教学漫记》映入眼帘。虽还没翻开书，但我心里却早就在猜想着书里一个个精彩的教学案例将给自己带来怎样的启发。

从那天开始，除了白天上课、批改作业，我基本上都是独自在自己的房间里读这本书。每一个章节里的内容表达、观点阐述都让我触动很大，我思考了很多。整整三天三夜，除了夜里睡上三四个小时，其他时间我是不休息的。当时的我正年轻，精力最旺盛，丝毫不觉得累。三天里，我把整本书通读了一遍。书里面有许多我从来没有读到过的教学理念、教学策略，它们在一个个妙不可言的典型案例中得到了体现与阐述。当然，也有许多教学理论是自己没有真正读懂的，只是觉得说得很在理，至于为什么这样说、这样做，其中的依据是什么，当时的我是不理解的。

我在想，三天后便是还书日期，如果再花上三天三夜把这本书通读一遍，也能再多读懂一些内容，多收获一些感悟。在那个教育教学专著极其稀缺的时期，能拥有这样的一本好书是挺稀罕且幸福的事。

几乎同时，我的脑海里冒出一个念头：把书抄下来。不容多想，我便从柜子里取出一本学生作业本和一支圆珠笔，从书的封面文字开始了抄写。又是三天三夜，几乎没有休息，我终于把这本书完完整整地抄好了，用了17本作业本。三天三夜的抄书，除手臂、手指感到酸痛外，我心里感到极其幸福。在整个抄书的过程中，我既专心致志，又畅快无比。周六下午回到家，母亲便用做布鞋底的钻针给17本作业本钻了一排孔，再找来一根麻线严严实实地扎好。这便是我自己抄完的第一本书。如今，偶尔去翻阅，除觉得字迹有些潦草外，还是会被昔日自己抄书的决心与勇气感动。

后来的日子里，能买到、能读到的教育专著、教学杂志也渐渐丰富了起来，整本书的抄写对我来说，也不再需要了。然而，这段抄书的经历却让我在今后读书的过程中养成了摘抄精彩句段或典型案例的习惯。一次次的摘抄，既丰富了自己的阅读积累，又提升了自己对文字、文章的理解、感悟能力。抄书（摘抄）的作用越来越影响自己的专业成长与发展。

一是抄书能让自己把书理解得更深刻。

一本书，自己通读一遍后，再完整地抄一遍，整个抄写的过程，就是自己重读一遍的过程，更是自己思考的过程。如此，抄书的过程成了自己"抄、读、思"三合一的读书过程，效果远远大于一般意义上的读书。我抄的第一本书是《文体各异　教法不同——小学语文教学漫记》。抄完后，我对语文教学中如何针对具体课文中的字、词、句、段、篇开展有效训练这一问题有了很好的理论指导和策略运用方法。之后的一次比赛，我抽到的是一年级拼音教学内容——学习韵母"ie、üe"。抽到课题时，我心理压力挺大，因为在日常教学中我从未教过拼音。但细细一想，刚读过的《文体各异　教法不同——小学语文教学漫记》里描述的一个个精彩的教学案例不断地在脑海里闪现。就这样，我很自信地备课、上课，竟获得秋口镇片区小学语文学科第一名。要是没有这第一次的读书、抄书，自己在备课时又怎能拥有先进的教学理念呢？又怎能灵活地运用教学策略呢？

二是抄书能让自己积累更丰富的素材。

只有经过大量阅读，才能实现丰富的积累。我想，读书人都会有同样的体会：当自己读的书到一定的数量时，就会有一种想写作、表达的冲动与欲望。这就是读书、抄书积累到一定量时产生的有益效果。我每读一本书，总会在读的过程中，及时把书中的精彩句段、典型案例摘抄下来。这个过程是一个有选择、有目标的摘抄过程。读一遍、抄一遍、思一遍，对读过书的具体内容印象就会更加深刻，理解就会更加深入。在日常写作时，即使不会边写边去翻阅那些曾经摘抄的内容，可也能写着写着，就灵活地把所摘抄的先进理论理念、主张观点、案例实录巧妙地内化到自己文章的表达中。这其实就是读者长期读书、抄书后，在写作表达中表现出的一种自然而然的常态。

三是抄书能让自己的输出更自如。

抄书不是"死抄"，不是闭着眼睛"瞎抄"，而是边抄边读、边抄边记、边抄边思。这一"抄"一"读"一"记"一"思"，都能让读者的读书效果实现最佳化。抄书能让我们对书中的内容记得更加深刻，理解得更加深入。这些被读者深刻记忆、深入理解过的内容，在写作表达时就能实现灵活运用。这种运用往往是水到渠成的。也就是说，在写作表达的过程中，往往是在作者表达最需要时，就能有相应的理论、观点、案例从作者的内心深处自然流淌出来。有时，抄书的效果甚至远远超越了一般情况下的读书。

抄书是积累，运用就是恰到好处地表达；抄书是源源不断地输入，运用就是恰到好处地输出。如此，积累得越多、越丰富，运用起来就越能得心应手，甚至随心所欲。

抄书的经历看似痛苦，其实乐在其中，享受其中。也许，只有当你真正开始抄书（摘抄），并养成良好的抄书（摘抄）习惯时，你才能体会到其中的无穷益处。

读书与借书

人们都说，买书不如借书。这的确有些道理。因为书买到手后，便成了自己的东西，接下来的阅读就不会受时间的约束。可以快速读完，可以慢慢读完，也可以将书束之高阁，从此将其遗忘。但是，书若是借来的，因为有归还日期，因此会有计划地阅读，甚至会超前阅读，力求在有限的时间里多读几遍，以求更好地内化书里的精华。

在我的读书历程中，早期读过的书大都以借阅得来为主。早期的我之所以能在专业能力上实现快速提升，就是因为站立在了一本本借来的书上。

借书阅读，我认为最少有三点益处：

一是让自己更珍惜阅读的时间。

我借阅的书并非来自书店，而是来自身边的领导或同事。凡是借来阅读的书，对方一般都会告诉你归还日期。我借阅的第一本书《文体各异 教法不同——小学语文教学漫记》，对方告诉我只能借阅一个星期。为此，我非常快速地全身心沉入了书本中，巴不得用好每一分每一秒，结果，我花了三天三夜就把书通读了一遍。《于永正课堂教学实录》《教海漫记》《著名特级教师教学思想录（小学语文卷）》三本书是我从县城小学语文教研员洪理让处借来的。虽然教研员并没有告诉我何时还，但我总担心对方催我还，因此，我也总是分秒必争地阅读每一本书。这三本专著我用了不到两个月就认认真真地读完了。由于读得细致、深入，而且极为用心，这三本书里的内容对我的语文教学能力提升起到了关键作用。

二是在借阅中努力实现读书效果。

正因为是借来的书，要么急着还，要么担心别人会催着还。所以，我读书时不仅会读得快，还会特别注意对书本内容的琢磨与思考。如此，便将一本本借来的书实现了阅读效果的最佳化。在读书过程中，我不仅习惯性地在书本上进行圈画、做批注，还常常会把书中精彩语段或典型案例及时摘抄到笔记本上。如此，既对书里的内容进行了思考，又及时积累了书里的观点主张或典型案例。在阅读过程中，读者总会利用一些有效的读书方法实现更有效的阅读，日积月累，读书的成效就得到了凸显。至今，凡是翻开自己读过的书，总会见到自己留下的思考痕迹和思考结果。我的读书笔记本也在一本接一本地写着，叠在一起，足足有一米多高。在昔日借书读的过程中，我常常会问对方，能不能让自己在书上进行圈画或做批注，幸运的是，对方总是欣然答应。每当我把书还给别人，对方翻阅着我在一页页的书里留下的读书痕迹时，他们不但不生气，反而特别高兴。

三是在借阅中结交志同道合的好友。

当别人说自己有一本好书，请相信，这书一定是别人深入阅读过的。当借来这样的一本书，深入、全面阅读后，你的内心定会有许多体会与感受。还书时，你和对方彼此可以交流读书心得，甚至还可以就书中的观点主张进行辩论，这样的深入交流，只有当彼此都深入读过同一本书后才能实现。这正是借书阅读最为宝贵的地方。不同的人，因生活阅历不一样，对同一本书的理解断然不同，彼此交流时，可以进行观点交换、理解互补，无形中也就使得借书的人和书的主人之间共同思考、共同感受，若长期同读一本书，彼此就会成为志同道合的朋友。

今天，对于很多人而言，借书不再常见，因为获得书籍的渠道特别广。一是可读书籍的数量非常多。《中国教育报》每年都会评选出 100 本最受教师喜爱的书。二是大家能买到，也买得起自己想读的书。我约莫半个月读完 1 本专著，一年就是 24 本，每本按 50 元计算，一年只需花 1200 元。1200 元仅占自己一个月收入的十分之一而已。

即便如此，我仍是很怀念那段借书阅读的日子，也希望大家当下不妨去爱读书的朋友或同事家借上两三本来读，读完后再跟书的主人进行深入的交流或辩论。如此，就能真正体会到同读一本书后，那种因彼此深入交流而获得的醍畅感。

借书可以借来一份感情。

爱读书的人总会惺惺相惜。两个人因为同读一本书，将会有共同交流的话题。在借书阅读的过程中，彼此均可以获得一份因爱读书、因常共读一本书而结下的深厚情谊。

借书可以借来一种思想。

借来一种思想，是指彼此在同读一本书后，均能从一本书里获得一种思想。而书里表达的积极思想又将帮助读者自己的内心世界实现升华，让读者的思想境界走向更高处。同时，借书的人在与书的主人交流时，又能产生新的思考或思想。

借书可以借来一份智慧。

借来的书里会有别人思考的痕迹，边读边关注别人在读过的书里留下的思考痕迹，自己就会不自觉地学习、模仿、实践。不知不觉中，读书的人因读着一本本被读过的书，受着书本上留下的读书痕迹与结果的影响，也会产生自我的思考、实践。这不正是借书人从书的主人那借来的阅读智慧吗？

借书这一行为往往出自读书人的迫切需求与主动愿望，因此，在一定意义上，借书阅读的读书成效是能达到一种理想状态的。我在读书初期，就真切地感受过借书阅读给自己带来的益处。真可谓，买书不如借书。

读书与人品

读书与人品之间有着怎样的关系呢？人品，即为人处世之品格。于我而言，为人处世之品格是自己在长期阅读了大量书籍后渐渐形成的。

从教之前，我几乎不读书，以至于从小性格顽劣，不懂理，不讲理，爱干坏事。后来，从教后，我从最初"倒逼"自己去读一本本书，到如今自己乐于且享受于阅读一本本书。在近 29 年的读书过程中，自己的人品也在渐渐成熟。

遇到喜乐事，我不会喜于表面，即便内心十分欣然，但为人处世依然如初，用心做着要做的每一件事。把事情做好，让自己安心，让他人满意，成了自己一生的努力与追求。

遇到悲痛事，我不会满脸忧伤，何况塞翁失马，安知非福。化悲痛为力量，往往会"柳暗花明又一村"。在哪里摔倒，就从哪里爬起，抖擞精神，继续阔步前行才是关键。

在从教的近 29 年里，我总能兢兢业业、克己奉公，总能笑看风云、泰然自若。我之所以能够如此，和自己在不同时间段里读过许多优秀的作品分不开。读书时，我能从贫苦且乐观的主人公身上体悟豁达的意义，从命运坎坷的主人公身上学会坚持与奋进的重要，从处变不惊的主人公身上学会沉着冷静的品质。书中的人物，其性格特点积极地影响着我的成长。工作烦闷时，我也会焦躁，可当我手捧书静静阅读时，心就会迅速平静，变得柔和。读书的过程，就是不断修炼人品的过程。

读书的过程，能让人品更有涵养

生活中评价一个人时，我们常常将"是否有涵养"作为一个重要标准。人的涵养如何获得？读书是一个主要渠道。

2003年，我把特级教师于永正撰写的《教海漫记》反复读了几遍。一方面，我被书中的精彩教学案例所体现出的教学艺术所折服，另一方面，我也因于永正老师的高尚人格魅力而感动。在读了于永正的专著后，我更爱自己所教的每一名学生了，这是一种有意识的爱，是主动的爱，是发自内心的爱，我爱得无怨无悔。

2004年，我把《著名特级教师教学思想录（小学语文卷）》通读了几遍。在书中，我认识了一大批全国著名的中小学特级教师，如斯霞、霍懋征、李吉林、于漪、于永正、贾志敏等，我理解、感悟着他们的教育教学思想。斯霞老师的课堂教学精彩片段，让我们看到了一代名师的风采，她不仅教知识、教能力，更注重对学生为人做事的教育，她对学生的教育可谓润物无声。

我国小学语文名师霍懋征曾鲜明提出的"没有爱就没有教育"观点，让我明白了爱是教育的起点，也是教育的一切。教师只有真正拥有爱，才能让教育真正发生。我国儿童教育家李吉林老师用一辈子研究情境教育，最终，她的情境教育理论成果"情境教育实践探索与理论研究"荣获基础教育国家级教学成果奖特等奖，其成果在国内外基础教育领域都产生了极大影响。2006年，我有幸师从于永正恩师，在与恩师长期交流学习的过程中，我深深感受到，名师之所以卓越，是因为其具有高尚的人格魅力和高超的专业能力。我虽很难有机会跟这些特级教师面对面交流，但我能从自己读过的一本本书中感受他们人格之高尚和能力之高超。

读书能让人品更有力量。读书的过程，是一种直接获取知识、能力的过程。拥有丰富知识和非凡能力的人，必将成为一个有力量的人。这种力量和人品是密切关联的，即人品好的人，力量就强；人品好的人，凝聚力就强；人品好的人，号召力就强；人品好的人，能做到从一而终，说一不二，说干就干，绝不朝三暮四，绝不喜新厌旧；人品好的人，定是言行一致的人。

读书的过程，能让人品更有魅力

优秀人品的养成需要一个相对漫长的过程，绝不可能一蹴而就。在读书过程中，有的人边读边对比生活中真实的自己，开始从懒散走向奋进。持续阅读让其能够及时从一本本书中读到奋斗、拼搏、进取的人物故事，感受书中主人公不妥协、不懒散、不放弃的精神，进而影响自己，外化在自己的言行举止中。

我一直有一个深刻的体会：评价一个人的人品好不好，可以看看他读过什么样的书，看看他读过的经典作品多不多。如果从来不读，或是很少阅读，其人品一般不会好。高尔基说，书籍是人类进步的阶梯。在这一过程中，人类除了知识在进步，能力在进步，水平在进步，人品也在提升。从现在做起，坚持读书吧！不断地修炼人品，为人类进步贡献价值。

读书与分享

如果一个读者只是孤零零地读书，而不愿意或不善于和别人分享读书的心得体会，其读书的效率便会大打折扣。愿意或善于分享读书的成果，往往能实现一加一大于二的效果。萧伯纳曾说，如果你有一个苹果，我有一个苹果，彼此交换，我们每个人仍然只有一个苹果；如果你有一种思想，我有一种思想，彼此交换，我们每个人就有了两种思想，甚至多于两种思想。于读者而言，把读书成果进行分享交流，能达到一加一大于二的理想效果。

2022 年，单位为全体学科教研员购买了王月芬的著作《重构作业 ——课程视域下的单元作业》一书，要求每个教研员花上近两个月的时间认真阅读，并明确表示在年底的区教育学会年会上要选择若干教研员以"区域高质量作业设计及管理"为话题开展主题沙龙研讨。

要求大家同读一本书，并选择部分教研员进行沙龙研讨，如此，大家对书的阅读就会更认真、更深入。沙龙研讨中，小学语文、小学数学、中小学英语、中小学综合实践等六名学科教研员先后围绕"作业高质量的设计""作业的管理"等关键点进行了深度对话与交流，在一次次的对话与交流中，分享着彼此在理念、实践等方面的思考。

上述案例让我们更加明白分享之于读书的价值与意义。只读书，不分享，或只读书，不会分享，抑或只读书，不善于分享，都无法让书实现其更大价值。那么，怎样才是有效的读书分享呢？

一是分享时要有共同话题。

读书分享要实现最大价值，就要让读者先去读同一本书或同一类书。这样，大家在分享自己的读书成果时才能有话可说，有心得可交流，才能实现思想的碰撞、情感的共鸣。否则，你说你的，我说我的，没有共同的话题，漫天不着调，分享的意义自然就不明显。上述六名不同学科的教研员之所以能围绕不同的关键点有层次、有逻辑地对话、交流与分享，就是因为大家都同读了一本书，每个人在读书的过程中都有收获、感悟，或疑问、困惑等。在分享中，我们看到的不仅是大家的陈述与表达，更有彼此间的观点与辩论。

二是要养成倾听的良好习惯。

在读书分享中，不能一个人说到底，而是需要读者彼此交流、共享观点。为此，在读书分享中，我们既要学会清晰表达自己读书后的思考与感悟，也要学会倾听他人在分享中讲述的读书成果。如此，分享就能实现一加一大于二的效果。否则，读书分享就失去了意义。生活中，但凡懂得分享、善于分享的人，都有一个良好的品质——能耐心倾听他人的表达。善于倾听，是善于分享的前提与关键。否则，读书分享便难以达到预期效果。

三是要有良好的思维品质。

能够做到精彩分享的人，他的思维品质一定是令人羡慕的：不仅敏捷，还能做到表达有条理、有层次、有逻辑。有一名语文教师在分享他的读书故事时，听众们听了半天，也不知他在讲什么。分享的过程没有清晰的思路。试想，分享者都没有清晰的分享思路，听者又怎能听得懂呢？因此，在分享前，分享者要厘清自己的思路，在具体讲的几个方面或几块内容上，哪个是重点，哪个是非重点，要能够捋清楚，即重点要分享得细致，不可草率了事，非重点可以轻描淡写，一笔带过。这样，听者就能够及时捕捉到分享者讲述内容的重点与关键。

四是在实践中提升分享能力。

读书分享既是一项活动体现，也是一种能力表现。要学会利用好每一次读书分享实践，以求不断实现能力提升。在 2021 年东湖区教育学会年会上的沙龙研讨会举办一个月后，2022 年正月，在南昌市教育局主办的"赣派教育家成长论坛"上，6 名不同学科教研员继续围绕"区域高质量作业设计及管理"话题进行沙龙研讨。显然，这一次的沙龙研讨，虽然是同样的人员、同样的话题、同样的流程，但分享过程中一处处观点碰撞产生的精彩令大家称赞不已。这个过程中，6 名学科教研员既沉稳，又自信；既懂得倾听，又善于表达；既能够及时追问，又能够机智回答。无论是沉稳、自信，还是倾听、表达，抑或是追问、回答，都是分享者自身能力与素养在不断提升的具体表现。

读书的过程离不开分享。读书的过程是个人不断汲取书中营养的过程，同时伴随着自己对书中内容等方面的深入思考与理解；分享的过程，则是读者与自身或是读者与读者间观点分享与互换的过程。愿读书分享成为大家读书过程中的一种常态，因为只有让读书分享成为常态，才能更好地彰显读书的价值。

读书与思考

明代学者陈献章说："学贵知疑，小疑则小进，大疑而大进。"在读书过程中，能够质疑问难，就是能思考、会思考、善思考的具体表现。一个能思考、会思考、善思考的人，其读书的效率自然就高。长期高效率地读书，其自身能力与素养也会随之提高。

思考的意义是极其重大的。对于读书人而言，能思考、会思考、善思考，能让读书的效果事半功倍。

读书人需要提升自己的思考能力

有了思考能力，就能把书读活、读深、读全、读透。但是，思考能力是需要在长期的读书实践中去不断提升的。比如课文《生命 生命》中的2~4自然段：

> 夜晚，我在灯下写稿，一只飞蛾不断地在我头顶上飞来飞去，骚扰着我。趁它停下的时候，我一伸手捉住了它，只要我的手指稍一用力，它就不能动弹了，但它挣扎着，极力鼓动双翅，我感到一股生命的力量在我手中跃动，那样强烈！那样鲜明！飞蛾那种求生的欲望令我震惊，我忍不住放了它！
>
> 墙角的砖缝中掉进一粒香瓜子，过了几天，竟然冒出一截小瓜苗，

那小小的种子里，包含着一种多么强的生命力啊！竟使它可以冲破坚硬的外壳，在没有阳光、没有泥土的砖缝中，不屈向上，茁壮生长，即使它仅仅只活了几天。

有一次，我用医生的听诊器，静听自己的心跳，那一声声沉稳而有规律的跳动，给我极大的震撼，这就是我的生命，单单属于我的。我可以好好地使用它，也可以白白地糟蹋它。一切全由自己决定，我必须对自己负责。

长期以来，学生在教师的指导下学习这三个自然段，都是体会三段话分别讲的飞蛾求生、瓜苗生长、静听心跳这三个主题，而且这三个主题都是在教师反复指导下再概括出来的。学生的思考能力在这样的教学过程中是很难得到提升的。为此，我在教学时，引导学生分层推导，诱导其积极思考。第一步，让学生把每一段话中的第一句用横线画出，引导学生思考：每一段的第一句分别讲述了什么？学生很快就发现每一段的第一句话分别讲述的是飞蛾求生、瓜苗生长、静听心跳。第二步，引导学生思考：每一段中未画线的句子又在讲什么？第二步是需要教师引导的，否则学生的思考很难深入，很难到位。如学生读"趁它停下的时候，我一伸手捉住了它，只要我的手指稍一用力，它就不能动弹了，但它挣扎着，极力鼓动双翅，我感到一股生命的力量在手中跃动，那样强烈！那样鲜明！飞蛾那种求生的欲望令我震惊，我忍不住放了它"时，教师应引导学生在思考中发现，飞蛾的生命力太弱了，"只要我的手指稍一用力，就不能动弹了"。继续引导学生理解"稍一用力"，就是强调"我"的手指还没有真正用力。"我"还没有用力，飞蛾就不能动弹了，足见它的生命力太弱小了。接着，我再一次引导学生思考"但它挣扎着，极力鼓动双翅，我感到一股生命的力量在手中跃动，那样强烈！那样鲜明"一句，让学生从中体会飞蛾求生欲望的强烈。最后，引导学生进一步思考"我忍不住放了它"一句，"我"从飞蛾身上明白了，应该尊重生命，哪怕它是一个极小的生命。于是，我引导学生思考：作者在这里采用了什么方法来写出小飞蛾求生欲望的强烈呢？

学生很快发现，作者灵活运用了对比的写法。作者一方面极力地把飞蛾生命力的弱小表达出来，另一方面把小飞蛾求生欲望的强烈写出来。最终，作者从内心深处有了尊重生命的强烈意识与行动。

在学习第二部分"瓜苗生长"时，我也是用了同样的方法引导学生思考作者的写作方法的。有了对第一部分"飞蛾求生"的思考与学习，学生在第二部分的学习中很快就能读得深，理解得透。我提问："瓜苗生长"又写出了作者怎样的内心呢？学生一面思考，一面体会。那是一粒小小的种子，小小的，就好像是小得不能再小了，生命多么微小呀！但是它却"可以冲破坚硬的外壳，在没有阳光、没有泥土的砖缝中，不屈向上，苗壮生长，即使它仅仅只活了几天"，生命力极其顽强，明明它只能活几天，也不畏任何艰难险阻，义无反顾向上生长。我引导学生在这些文字中，体会作者对生命强烈的敬畏感。

在学习第三部分"静听心跳"时，我引导学生思考：作者又采用了什么方法写出了自己对生命怎样的认识呢？教学中，我引导学生细读文字，明白作者运用了"二选一"的方式表达自己对生命的珍惜、珍爱。

学生在教师的引导下学习课文，不仅能更深入地读懂课文内容、内涵及语言形式，更能有效训练自身的思考能力。这一点和《义务教育语文课程标准（2022年版）》中提出的语文学科核心素养之一"思维能力"是一致的。

读书人需要养成良好的思考习惯

对于一个读书人来说，不管是教师，还是学生，良好的思考习惯是受益一生的。我是一个喜欢读慢书的人。按正常读书的速度，一篇4000字左右的教学文章阅读时长大约为20分钟，可我常常会用多出一倍的时间来读。为什么？不是我读书速度过慢，而是我会刻意放慢阅读的速度，我想通过放慢读书速度让自己沉下心来，对文章里的语言表达、观点阐述、布局谋篇有更深入、更全面、更系统的思考。

能养成良好的思考习惯并非一朝一夕，而是需要读者在长期的读书实践中去有意识地训练。当读书、思考达到一定程度时，思考习惯就会自然养成。思考习惯的养成，需要读者有持续、强烈的思考意识。例如，读到生字"烤、烧、炒"，就会主动思考这三个字跟"火"有关，因为它们都是火字旁；读到生字"煎、煮、熬"，就会主动思考这三个字也跟"火"有关，为什么不是火字旁，而是四点底呢？学生在教师的指导下，大胆猜测，最后明白"煎、煮、熬"下面的四点底也表示火，只是当它放在字的左边就写成火字旁，放在字的下面就写成四点底。在这一过程中，教师便可引导学生体会汉字的无穷魅力，感受中华优秀传统文化。如此，教学时，语文学科核心素养之一"文化自信"就有了具体的落实。

当有着强烈的思考意识时，不管是读到一个词、一个句子、一段话，还是一篇课文，在读的过程中，读者总会对文字不停地产生疑问，提出问题。这就是思考意识强烈的具体表现。长期拥有强烈的思考意识，读者的思考能力就会得到提高。凡事总要问为什么，遇事总要打破砂锅问到底，就标志着一个读者良好的思考习惯已养成。

读书与出路

老家婺源有句乡间俗话："三代不读书，不如一窝猪。"当下，读书虽然不是唯一出路，却是每一个人实现自我发展、自我价值提升的重要路径。自古以来，老家婺源家家户户重视读书，都认为只有读了书，把书读好了，才能实现鲤鱼跃龙门。

我是1992年初中毕业的。那时，初中生都想在中考时考取师范学校或卫校，因为一考取师范或卫校，就意味着拿到了"铁饭碗"，就有了令人羡慕的出路。读初二时，我明显感觉到了家里生活的拮据状况。一次，学校需要学生交一元钱，我向母亲要，她竟到村里借了一圈儿。对这事我一直难以忘怀，曾在多年前写过一篇题为《一元钱改变命运》的文章，将这次经历记录了下来。

父亲、母亲拼命劳作，所得也只够养家糊口，家里想拿出一元钱都很困难。我想，要改变家中生活的窘困现状，只有自己早日工作，工作后有了收入，才能贴补家用。因此，从初二下学期开始，我在学习上变得格外主动、积极，每天早上第一个进教室，晚上最后一个离开教室。中考时，我幸运地被师范学校录取了，师范学校毕业后，也如愿通过分配得到了工作。参加工作后的第一个月，我领到了205元的工资，从此，家里的经济状况有了明显改善。读书能改变自己的出路，这对于从农村出来的孩子来说更是如此。

读书是改变自己出路的重要路径，但绝非唯一。前不久，我认识了一个在商界拼搏奋斗的朋友，他是一个典型的"拼命三郎"，好几次都在凌晨一点以后才回我的信息。初次见面时，我实在不敢想，坐在眼前的这名彬彬有礼，谈吐颇为稳重的和我年纪相仿的男士，居然是一个只读到小学三年级就辍学的人。

他有着怎样的经历呢？究竟是什么力量改变了他？

初涉商界打拼，他只能干一些体力活儿，在凭借努力与智慧挣得第一份可喜的收入后，他没有选择继续投资创业，而是选择自费去职业中专学校读书，提高自己的综合素养与能力。那时的他就已充分意识到了读书对于提升自我综合能力与素养的重要性，这一点，我是万万没有想到的。

当他通过潜心学习，综合素养与能力都实现了明显提升后，他开始重返商界再创业、再拼搏。20世纪末，他凭着自己高于周围人的综合素养与能力，在商界如鱼得水。其间，他并没有全心只想着挣钱，而是对自己的创业路径进行了整体规划，在开辟崭新商界领域的同时，又选择进入了高等学府深造与提升。据他自己说，从最初进入职业中专学校学习直至今天，他花在自身综合素养与能力提升方面的费用已有百余万元。难怪如此。

读书能改变命运。于教师而言，读书更是重要。一个教师如果不读书，不喜欢读书，不热爱读书，任他说自己怎么热爱教育事业，怎么执着学科教学，都是天方夜谭。教师要把读书当成自己工作的一部分，不读书的教师，就不可能是好教师；不读书的教师，就不可能实现真正的教书育人。

读书，应成为校长眼中师生重要的人生出路。校长的使命是办好一所学校，让学校成为师生共生共长的最佳场所。朱永新教授曾说，一所没有阅读的学校，永远不可能有真正的教育。为此，好的校长，应让自己的学校充满浓厚的读书氛围。要想拥有浓厚的读书氛围，校长就要带领着一群教师读书，教师就要主动、积极地引导、指导一群学生静下心来读书、思考、分享、表达。校长爱读书，就会强烈希望学校的教师去读书，就会强烈希望教师正确引导、指导学生读书，就会和学生一起共读、共书、共享充实而幸福的学校生活。

读书，应成为教师眼中学生重要的人生出路。教师爱不爱读书，直接影响学生爱不爱读书。一个不爱读书的教师，不可能教出一群爱读书的学生。为此，教师要充分意识到读书的重要性，并正确引导、指导自己的学生读书，强化学生的读书意识，培养学生的读书习惯与读书品质，提高学生的读书能力。教师要让学生明白，读书是重要的人生出路，选择了读书，就是选择了赢得未来；选择了读书，就是选择了拥有高尚的人格。

读书，应成为家长眼中孩子重要的人生出路。望子成龙，望女成凤，是每一个家庭对子女的殷切期盼。家长绝不能只满足子女的温饱要求，而要让孩子静下心来读书，沉下心来学习，把书放在孩子成长发展路上的首要位置。要让自己的孩子喜欢上读书，沉迷于读书，从小因热爱读书而拥有远大的理想与抱负，成长为真正意义上的读书人。

读书，应成为学生眼中重要的人生出路。学生应养成良好的读书习惯，要在主观上变得主动、积极。书籍犹如一日三餐，是学生在成长道路上需要主动汲取的不可或缺的营养品。读书是自己的事，学生要牢记读书是谋求自身发展的最佳路径。学生积极努力读书，人生之路就会因读书而变得平坦；不爱读书，消极对待，学生的成长之路将坎坷不平，困难重重。

女儿大学期间似乎比高中三年还努力，因为她充分意识到读书的重要性。大学期间，女儿所读的书，近的，跟自己大学毕业后的就业直接相关；远的，跟自己整个人生的方向确立及能否拥有幸福人生密切相关。

读不读书，喜不喜欢读书，所带来的差距会在教师之间表现得越来越明显。在新课程改革的征途上，教师只有不断学习育人知识，更新教学理念，才能从容面对在教育教学中遇到的难题，交出一份教书育人的满意答卷。否则，理念滞后、方法僵硬、策略陈旧，最终不仅会导致自己的教学效率低下，还会导致学生的学业质量低下。

学校办得成功与否，取决于学校里有没有真正意义上的读书氛围和读书群体；教师做得成功与否，取决于教师是否能够成为真正爱读书的人，是否能够正确引导、指导出一批批主动积极的读书人。只有当读书真实、有效发生，绚烂的人生之路才能铺就。

读书与成长

在我的成长过程中，助推我不断向前发展的关键因素就是读书，关键事件还是读书。读书，让我实现了一个接一个的人生小目标，改变了我，激励了我，提升了我，丰富了我，让我成长为一个专业精湛、精神丰盈的教育工作者。

工作第三年时，全国正举办"叶圣陶杯"小学语文教师作文比赛。学校分管教学的副校长让我写一篇文章去参赛。面对难得的机会，我格外珍惜。最后，我反复构思、撰写、修改，花了近一周的时间写成了一篇近四百字的文章，随即交给了副校长。

副校长看了文章后找到我，笑呵呵地说："你的文章里出现了常识性错误。"我接过自己的文章，瞅了半天也没有发现什么常识性错误。副校长指着其中一句话，让我读一读。

"到了春天，爷爷的园子里盛开着粉红的桃花、雪白的梨花、金色的橘子花。秋天来了，桃树上结满了粉色的桃子，梨树上挂满了雪白的梨子，橘子树上结满了金黄色的橘子。"

我念完后，心里嘀咕着：没错呀，这不挺好的吗？

副校长分析道，春天来了，桃花开了，梨花开了，可橘子花是和桃花、梨花同时开的吗？秋天到了，还有桃子吗？梨子也差不多没了吧，不过橘子倒是挂满枝头。

呀！真是要笑掉大牙。几乎不读书，不关注生活的我，竟凭着自我感觉去写文章，根本不知道优秀的文章应该是符合实际的，应是写真人、真事、真话的。

知不足而奋进。只有看到了自己的不足，才会明白应该努力的方向。从那时起，我开始更加努力地读书，逼着自己写出一篇接一篇的小文章。慢慢地，我开始走上了教书、读书的正确道路。于我而言，读书既是一项任务，也是一项使命。作为小学语文教师，不读书，怎能教好语文？在这一阶段里，我越来越充分地意识到这一点，同时也深深感受到：阅读其实是一个能愉悦身心的活儿。

工作第四年时，我第一次读了散文集《感谢昨天》，作者是婺源籍作家洪忠佩。我被书里面的每一篇文章吸引着，尤其是那一篇篇叙写亲情的文章，同自己内心的情感产生了强烈共鸣。一个月里，我反反复复地读这本散文集，竟先后写出十余篇散文。

书读多了，便会在不知不觉中产生强烈的写作冲动。写作不像读书，身心始终是那般愉悦，而是先痛后快的。有时冥思苦想半天，也没有丝毫头绪，确实挺焦躁的；有时灵感忽来，提笔下文，一气呵成，又会感到十分惬意和欣然。

工作第六年时，我的一篇投稿文章《立足质疑排难 开启创新之门》发表在了《江西教育》上，原文近四千字的文章被编辑一删再删，只剩900余字，题目也改成了《我教学生写童话》。这次经历，让我明白了文章是写出来的，好文章是改出来的道理。

我写作的信心和欲望在一次次投稿中变得更强。坚持读书、写作，并把写成的文章寄往各教育杂志编辑部成了自己工作的一部分。未想，我第二次发表文章已是五年后。漫长的五年里，只有苦苦等待，只有石沉大海，只有杳无音信，很痛苦、很漫长。现在回想起那段经历，那五年其实是自己一次次历练，一次次挑战，一次次超越，一次次不放弃，一次次不动摇的过程。自2006年第二篇文章发表后，自己每次投稿的文章总能得到杂志编辑部的青睐与赞赏。

读书是积累，写作是表达，读书、写作的过程就是一个厚积而薄发的过程，没有捷径，只能坚持不懈地付出十倍、百倍，甚至千倍的努力。其间，短时间内你可能看不到任何希望，如果你放弃，就注定失败，唯有在坚持的过程中不断明晰方向，不断向上攀登，才能最终到达彼岸，实现成功。

35 岁被评为省特级教师时，我没有写成过一本教育专著。因此，我决定挑战自己。那年恰逢东湖区教育科技体育局准备为我举办个人教育思想研讨会，于是，我决定写一本教育专著，全面阐述自己的教育教学思想。

2012 年，我的第一本教育专著《过着语文的日子》出版了。从 1995 年开始工作至 2012 年，17 年的深耕读书、教学实践、总结提炼，沉淀为我的第一本专著。从 0 到 1 是突破，1 之后呢？是满足于此，停滞不前，还是持续读书、实践、思考、写作，去创造和追求那个应该属于自己的 2 ？

我的答案始终都是肯定的：我要坚持读书，把读书放在第一位。持续读书让我在教学实践与改革的道路上少走了很多弯路、错路，因为我在诸多优秀教育书籍的阅读中确立了努力前进的方向。读书，不仅能丰富自己的教育教学素材，更能开阔眼界、激活思维、提高能力、提升素养。从 1 到 2，是有难度的，如何继续迎难而上？如何积极解决困难？唯有不懈地挑战，而这挑战的最佳路径就是持续读书、实践、思考、写作。2018 年，第三本教育专著《汪智星与本真教育》面世。读书，帮助我战胜了成长路上一次又一次挑战。

自此，我给自己定下目标：每年写成并发表一本专著。如今的我已发表了 8 本专著，笑看来时路，我看到了自己一步一个脚印的成长印迹，而这成长路上，读书始终伴随着我，一刻也不离。读书成了自己成长路上克服所有困难的一把得心应手的"金钥匙"。

成长需要奠基石，书籍就是人生成长道路上的奠基石。在南昌工作十三年来，我读过的三百多本教育书籍，五百多本学科杂志，便是自己成长路上最为厚重的奠基石，也是自己人生中尤为宝贵的财富。

成长需要指明灯，而书籍就是人生成长道路上的指明灯。读书的过程就是不断为自己答疑解惑的过程。当你"山重水复疑无路"时，读书定能让你收获"柳暗花明又一村"的感觉。当有人问我："你怎么这些都懂?"我总会这样回答："应是我读过的书比你多得多。"

成长需要"兴奋剂"，书籍就是人生成长道路上的"兴奋剂"。这兴奋剂指的是书籍里蕴藏的无穷新知识、新事物、新能力、新力量。人之所以常生惰性，就是因为停止了读书，没法儿从好书里获取更多的新鲜血液和能量。

林海音在《窃读记》文末写道："记住，你们是吃饭长大的，也是读书长大的!"要想长大，就得读书，就得持之以恒地阅读，并从中获取丰富的精神食粮，强"身"健"体"、茁壮成长。

第四章　卓越名师的读写故事

特级教师黄胜的读写故事

我是个"小器晚成"的"高层次人才"。虽然身边的同事早就谬赞我为研究型、专家型、学者型教师，但"特级教师"的称号，直到我生命的第47个年头才被省政府授予。与千千万万土生土长的农村孩子一样，我并非出生于书香家庭，小时候没有受过学术或文化艺术之类的熏陶。因此，我的专业成长是曲折而缓慢的。回想自己的专业成长经历，我始终确信一句话：阅读是高贵的最低门槛。

教而优难"仕"

我出生于一个普通家庭——爷爷和父亲都是工人，奶奶和母亲都是农民。我在于都县的一个小山沟里长大，在父辈们"要走出山沟沟，丢掉锄头把儿"的期望下，我从小发奋学习，1985 年以全乡第二名的好成绩考入宁都师范学校。师范学校毕业的我是个优秀毕业生，本以为通过自己十年寒窗苦读，可以走出山沟沟，走进美好的都市，去施展自己的才华，创造美好的未来。可是，现实给我浇了一大盆冷水——我被分配到了另一个山沟沟——本县邻乡一所村级小学任教。报到入校的第一个晚上，望着从小木窗投射进来的惨淡的月光，我不禁黯然流泪，我发誓要好好工作，力求出类拔萃，让上级领导发现自己、重用自己。当时我想：古代读书人是

"学而优则仕"，自己如今只能是"教而优则仕"。自己的家庭背景普通，没有什么特别的社会关系，只有靠自己的奋斗来实现"出人头地"。(曾经，年少的小伙子都觉得只有得个一官半职才叫"有出息"。)

我在学校曾任校团委干部，爱看书积累、舞文弄墨，在参加工作的头几年里，我凭着一颗进取心和一点儿才艺，"仕途"还算顺利，第二年就升任为某完全小学的教导主任，第三年又升任为乡镇某中心小学的总辅导员，第五年被任命为某完全小学的校长。然而，好景不长。后来的十几年里，我走得相当艰难。一贯积极处世的我照样很努力，照样年年被评为优秀教师，但在职务上却沉沉浮浮：上一年是某完全小学校长，下一年却是另一所完全小学的副校长；逢上换了乡镇级校长或自己跨乡镇调动时，还几度被降职为教导主任。但我固执地相信"是金子总会发光的"。在奋斗了13年后，我终于被县教育局任命为罗江乡中心小学副教导主任；在工作的第 15 个年头，我被升为某中心小学副校长。我觉得自己要想提升为乡镇中心小学的主要领导，简直难于上青天，于是阵阵悲凉袭上心头。那些日子，苦闷的我常常对自己说：有志青年，你梦在何方？

改道走专业

有人说：方向比努力更重要。既然我的仕途"山重水复疑无路"，也许自己真不是当领导的料，何不放弃"仕途"，寻求新的发展方向，找到自己的生长点呢？郁闷中的我不愿沉沦，开始留心寻找着新的发展方向。

我人生的转向始于阅读。随着我调到乡镇某中心小学任教，我接触到的业务杂志逐渐增多，诸如《人民教育》《小学语文教学》《小学语文教师》《语文教学通讯》《教学与管理》《小学教学设计》等，爱阅读、爱钻研教学的我总是利用业余时间一本接一本如饥似渴地阅读着。这些杂志上的很多文章让我看到了全国各地的教学与研究动态，让我目睹了京、苏、沪、浙等地区的最新教科研成果，较早地接触了先进的教学理念。更重要的是，看着看着，一些语文名师的名字一个个、一次次扑入我的眼帘。如老一辈名师于永正、支玉恒、贾志敏、靳家彦，还有中生代名师王崧舟、薛法根、窦桂梅、孙双金、虞大明、张祖庆等，还有如雨后春笋般不断冒出的新生代名师——管建刚、何捷、蒋军晶、汪智星、诸向阳等。一篇篇访谈报道、一份份教学实录、一篇篇经验论文、一本本教学专著，我都爱不释手，潜心阅读、用心领会。他们先进的教学理念让我大开眼界，他们的教学和育人智慧让我看到了做教师的乐趣，他们的教学艺术和教学风格让我回味无穷。我把从他们身上汲取的真知灼见和教学智慧尝试着运用在自己的教育教学实践中，将从他们的教学实践中获得的教学理念转化为自己的教学行为。我惊喜地发现，自己的课堂教学有了喜人的变化，自己所带的学生有了鼓舞人心的转变。那些变化就是我读书和实践的成果呀！这让我更爱读书，更爱琢磨教学了。在1997年至2002年的这几年间，随着我钻研教学兴致的增浓和教学信心的增强，我爱上了做公开课和上公开课，遇上县、乡教学比武，全乡性研课，我总是积极参与，自行做课自己上场；当感觉自己学习收获大，对某种课型有了新的策略时，我还主动请缨给学校或全乡的语文老师上公开课。还别说，从名师们那里学来的东西真管用，真有魅力！那些年的公开课，每每上下来，总有一份成就感激荡于胸，总能听到好评如潮。渐渐地，我对做好教学越来越有兴趣，越来越爱钻研，也越来越觉得自己是块研究教学的料。

于是，我开始调整自己人生的航向：以名师为偶像，修炼做名师，不再为所谓的"仕途"劳心费神。

成长"四字诀"

有人说，拉开人专业水平距离的，不在于工作时间，而在于业余时间。业余时间里，我从不打扑克、麻将，喜欢宅在家看书、上网阅读，或写点儿教育教学心得，或打开电脑修改学生发来的习作稿。自从我成为省学科带头人以来，我宅在家里电脑前的时间更多了——经常登录自己的名师工作室和教师工作坊账号，组织全省各地的学员完成全员培训和国培研修，在开通的自媒体账号上发表教学随笔。我很少同朋友在网上聊天，却愿意耐心地跟学生家长聊（以文字聊为主），在聊天中争取教育合力。有朋友讪笑我这样的业余生活未免太枯燥，可我却不以为然，为自己的"所爱"付出，我感到很充实、很快乐！

20世纪90年代末以来，我一心扑在儿童教育与语文教学的实践和探索上，由于我铆定教师专业成长的目标不动摇、不放松，十几年如一日地耕耘、探索、反思、学习、实践着，我获得了较好的专业成长，专业水平一点一点地往上提升：1995年，我获评县百名青年骨干教师之一；2001年，我成为于都县学科带头人；2004年，我成为赣州市语文学科带头人；2010年，我成为江西省首批语文骨干教师；2013年，我成为江西省小学语文学科带头人；2015年，我被江西省政府评为特级教师。

回顾自己的专业发展历程，我总结出教师专业成长的"四字诀"：做、思、读、写。"做"就是工作实践，"思"就是反思，"读"就是读书，"写"就是记录自己学习和实践中的思考。我按这"四字诀"勤奋耕耘着，坚持着，最终收获了一些专业成果：多次在全县及赣州市上公开课，在省级、县级教师培训中讲学多次。负责和参与过多个省市级科研课题，在《小学语文教学》《小学语文教师》《小学教学设计》《青年教师》《江西教育》《教师博览》《新作文·小学作文创新教学》《课程导报》等报纸杂志上发表学术文章60多篇，曾获"教育部新世纪小学语文课程改革实验优秀教师""赣州市新课改优秀教师"等荣誉称号，2022年出版专著《让孩子易动笔乐表达》。

"读写"伴吾生

在"四字诀"的实践中，我坚持得最好的，当属"读"和"写"。这两件事儿已陪伴了我半辈子。

首先，在"读"方面，我在读师范那几年，去得最多、待得最久的地方就是学校图书馆。当时不少男同学的心思都花在如何在女同学面前耍酷上，我的心思却只在图书和杂志上。我家里的三个书柜早就摆满了书，书桌、床头上多处堆着一沓沓书，没地方放的书只好用纸箱装上塞在床底下。多读书的收获太多了！单在提升写作能力方面我就感触颇深：第一，增长了见识。有了知识上的积累，写作起来更加得心应手，即使遇到不了解的，已在读书中养成"勤学善查、弄个明白"好习惯的我，能主动去了解要写的事物。第二，词汇量变大。有了遣词造句的经验，表达起来更容易，写出的文字更灵动。第三，书读得多，写作的时候，供自己参照、借鉴的表达方法、表达范式更多，常常会不自觉地联想起书上类似的描述样式。当然，益处远不止这三点，还有诸如提升思想、丰富内心、优化思维等。

其次，在"写"方面，我念师范那三年，就开始做到了笔耕不辍，所写的作文经常被老师宣读，创作的诗歌、散文经常登上校报，还曾在校级征文比赛中获得一等奖。参加工作后，我始终坚持写教学反思、教学札记，且时不时写点儿随笔和诗歌，先后将之分享在百度空间"教海采风"及江西教师网的"黄胜名师工作室"等账号上；2016年以来，我养成了记录教育教学思考及写下水文的习惯，所写文章大部分分享于我的个人微信公众号"童心恋语文情"里，已发布原创文章400多篇。我人生中还有一段专门写文稿的经历——2000年，我被借调到罗江乡政府，编辑过十多期《罗江求实》，写通讯报道及其他公文上百篇次，并多次为乡领导写发言稿。近年来，受身边文友的鼓动，我进入了文学圈，在业余不时写点儿童诗、散文、故事等。写着写着，2022年，我成了江西省作协会员，2023年，我成了中国散文学会会员。

我还经常练习另一种方式的"写"——修改文稿。在学校时，我很听语文老师的话，作文写完，总要再修改几遍，如果页面不美观，还要工整地誊抄一次。读师范那几年，我做过文学类班刊《荒原》的编辑，也做过励志类校刊《宁师青年》的编辑，如今，我又做起了本县作家协会主办的公众号"于都文学"副主编。师范毕业后，我仍旧时不时去投稿，师范老师告诉我，要想录用率高，投稿前必须反复修改稿件。因此，我修改文稿的机会可谓不少。从教之后，我每周必改至少一沓作文，而且常常利用双休、节假日修改所带班级学生的优秀作文，改好后帮他们投寄到报纸杂志或公众号平台发表。

很多人都知道：好文章是改出来的。这话反过来说也成立——只有好好修改才能出好文章。修改是非常重要的，修改能力就是作文能力。

在大数据时代，社会人其实更需要阅读，更需要系统性阅读和选择性阅读，否则容易被淘汰。同时，作为一个天天与语言文字打交道的语文老师，阅读与写作更是少不了。这是保持创造力的最佳方式和看家本领，不然，也容易被人工智能取代！看来，我虽已渐近退休，读与写还是不能停止。

（黄胜，赣州市于都县城关小学　特级教师）

特级教师钟事金的读写故事

接到汪特的来电，让我写一写我阅读与写作的故事，内心还是有些顾虑的。最主要的原因就是自己在这两方面做得不但不突出，甚至连自己都不是很满意。后来，回过头一想，这不正是一次很好的反思机会吗？正好我做得不够的地方可以给大家一些警醒呢。

我是1998年师范学校毕业后走上教师岗位的，在过去26年的教育教学生涯里，我从乡村走到县城，从县城来到省城；从一名乡村教师成长为省特级教师；从一名一线教师成为省城名校的校长。所以，有人常说我是一个"成功的教育者"，而我始终认为是"教育成全了我"。很多人好奇我是怎么做到的，问我是否有什么秘诀。其实很简单。要做好一名教师，心中要有对学生发自内心的爱，平时多读书、多学习，用心上好课，常反思。人生没有捷径，只有一步一步，踏踏实实地努力。

最初六年，我在乡村小学任教，当时的条件比较简陋，业余生活也比较单一，闲暇时，我会延续自己读师范时的爱好，读读小说，看看传记，但很少接触关于教育教学的书籍。

2004年7月，我通过考试，来到当时县城最好的小学任教。在这里，我迎来了人生的很多"第一次"：第一次集体备课，第一次大型公开教学，第一次知道课程标准……我就像一个初生的婴儿，周围的一切对我来说是那么陌生，那么新奇。随之而来的是压力与彷徨，因为我的心中充满了困惑与迷茫。

一个偶然的机会，我在学校图书室借阅书籍，看到了苏联伟大的教育家苏霍姆林斯基的《给教师的建议》一书，并借回了家。读后，我兴奋不已。苏霍姆林斯基深入浅出地阐述了自己是如何将教育教学理论与实践相结合的，介绍了一个老师成长过程中会遇到的问题以及解决的办法，讲述了一些关于学生、学习的深层次探索。我尝试带着自己的疑惑，从书中寻找解决的办法。后来发现，尽管自己有满腔的热情，但是我采用的仍是传统的教学方式以及想当然的教学理念。没有思考教育的本质，没有去了解学生，怎能不彷徨？

"阅读是解决问题的最好办法之一。"这句话成了我做老师、做管理者的座右铭之一。

面对浩瀚的书海，我们该读什么书呢？读哪些书才可以让我们更快地成长起来呢？《给教师的建议》中写道："年轻的朋友，我建议你每个月买三本书：（1）关于你所教科目相关科学的书；（2）介绍可以作为青年人启蒙者和榜样的人的生活和奋斗的书；（3）关于人的心灵的书，尤其是与儿童、少年和青年的心灵相关的书籍（与心理学相关书籍）。"

希望你的个人藏书里有以上这三类书籍。每过一年，你的科学知识都应当变得更丰富。希望你到了参加教育工作满十年的时候，教科书在你眼里看来就浅易得像识字课本一样。只有在这样的条件下，你才可以说：为了上好一节课，我是一辈子都在备课的。只有每天不断地补充自己的科学知识，你才有可能在讲课的过程中看到学生们的脑力劳动——占据你的注意中心的将不是教材内容的思考，而是对你的学生的思维情况的关心。这是教育技巧的高峰，你应当努力向它攀登。

看后，我开始尝试整理自己的书橱，读三类书。第一类，读工作的书——教育教学研究的书籍。作为一名教师，需要对教育的本质有所思考，需要掌握一定的教育理论。如可以读读《给教师的建议》《大教学论》《杜威教育名篇》《陶行知教育文集》等。读工作的书，还要读读本学科专业类书籍。我长期从事语文教学，所以可以读读《小学语文课程与教学论》《薛法根教学思想与经典课堂》《小学语文名师课堂深度解析》等。还可以读读有关国外教育的一些书，如《第56号教室的奇迹》《芬兰教育全球第一的秘密》等。第二类，读自己喜欢的书，根据自己的喜好，通过广泛阅读，丰富自己。第三类，读研究儿童的书，如《教师不可不知的心理学》《教育中的心理效应》《儿童心理学》等。还要读读写给儿童的书，如国际大奖小说系列、国际安徒生大奖书系、沈石溪动物小说系列等。每读一本书都是一个意外的惊喜。每读到这些经典的书，总让人振奋。

朱永新教授说：人们阅读的高度决定了他生命的高度，只有站在大师肩膀上前行的人，才能让自己的生命跃升到一个更高的层次。曾经在工作中遇到的那些难题都能在专业书籍中找到具体解决的好办法。大量的经典阅读，让我见到了许多智者深刻的思考，学到了许多大家的智慧，感受到了教育的美妙。

当然，阅读的作用肯定不限于此。读书还有什么好处呢？中国作家协会主席铁凝说：阅读其实是人对自己、对生活、对人世、对未来更美更广阔的理解、想象和期待。是的！读书，读的是别人的书，照见的是自己的心。

阅读，读的是自己！

至于写，我一直很羡慕，也很钦佩那些会写的人。汪特就是我最佩服的人之一。我们是江西省首期中小学名师班的同学，在一起学习的时候经常住在一起，最让我惊叹的就是每次午休后，汪特在我睁开眼睛的那一刻，说："老弟，我中午写了一篇两千字的文章。"汪特的笔耕不辍在业内是出了名的，大家都称他是"高产汪"。

想起自己关于"写"的经历，着实"不堪入目"。最早开始写是在读师范时的日记和老师要求的周记，而真正的"写"应该始于师范读书时发表过的一篇"小诗"。后来，参加工作了，读的习惯有，写的想法却越来越少了。

2005年，那时每年市教育学会都会组织召开学术年会，并鼓励会员积极参与。我抱着重在参与的态度，写了一篇小文——《从"谈文色变"到

"喜文乐道"》，把自己在习作教学中的些许感悟和思考写了下来，尝试投上去参加评选，令人十分意外的是，我竟然获得了一等奖。也许是因为这次尝试给了我信心，之后的每年学术年会我都会积极参与。朱永新教授说：一个人的专业写作史就是他的教育史。写，能让自己在看待教育教学中的问题时更理性，对教育教学的思考会更深入。写，不仅仅是简单的记录，还是思考的凝练，更是认知的外显。

写文章并不是一件容易的事情，有时甚至是痛苦的，特别是刚刚开始写的时候。当然，要想写好就更加难了。巴金先生说：只有写，才会写。我想，汪特之所以能成为今天的"高产汪"就是最好的证明。网上流行一句话："放弃很容易，坚持很酷。"是的，坚持写作确实是一件很酷的事情。平日里，我们在工作、生活中总会冒出一些想法来，倘若任其在脑海中回荡，它们便只可能成为大海中的一滴水、大漠中的一粒沙，之后要想再次找到它们就很难。相反，如果能及时将它们记录下来，也许当时的表达不够精准，语言不够严谨，结构有些混乱，但是稍加修饰或许就是"一块金子"。我想，这便是"常写长写"（只有经常写，才能擅长写）的道理吧。

朱永新教授说：和文字打交道的人是幸福的人。当你把自己的所闻所见、所思所想用文字记录下来的时候，你的胸中是广阔的天地，你的眼前是明朗的世界。

此刻的我，就是幸福的！

（钟事金，江西师范大学附属小学　特级教师）

特级教师赵红英的读写故事

阳光透过窗前那棵玉兰树的枝叶洒在地面上，细细长长、斑斑驳驳，一如我的童年时光。我的读写故事，就生长在那片时光的年轮里——那里记录着我童年懵懂的阅读岁月，痴迷书本的少年时光，以及燃情讲台激扬的文字。此刻它们皆化为迷离的光点，不断地在眼前闪烁……

父亲的 365 夜故事

我出生在一个教师之家，爷爷是私塾先生，我对他的印象只是一袭蓝布长衫的模糊背影；父亲最初是村小的民办老师（俗称赤脚老师），直到 1983 年我上初三时，我父亲才考上师范成为一名教师。父亲嗜书如命，小时候，我见得最多的是父亲在教书、劳作之余，手里总能变戏法儿似的变出一本厚厚的书，随意找个地方坐下就读，时而微笑，时而沉思，忘形时还用唱歌般的腔调念着什么子曰、诗云。那时，我常眨巴着眼睛看父亲手中书，心里满是不解：里面到底藏着什么好玩儿的东西？真想进去看看。

农村的晚上一般熄灯早。当月光洒进小屋，虫鸣声在屋前的稻田响起时，我常常能听到父亲给家人绘声绘色讲故事的声音：铁棒磨针的坚持，凿壁借光的苦学，李世民的英雄无畏……故事中的人与事深深地吸引着我。夏天的晚上，搬个竹床在屋外乘凉之时，父亲看着满天星斗，指着其中一颗两颗，给我们讲牛郎织女、大闹天宫、哪吒闹海的故事。我就这样听着父亲的故事渐渐长大，直到我有能力自己读这些书时，父亲的这些故事才以文字的形式再次走进我的生活。现在回想起来，这些父亲借来的书及书里的故事无疑给我的生活打开了一扇窗。

连蒙带猜读书的日子

6岁那年，我开始上学了，会自己认字了，从此一头扎进课本中。小学课本上的内容朗朗上口，我至今仍记得："赤脚医生好阿姨，风里来，雨里去……"但这样浅显的内容怎能满足我日渐增长的阅读需求？于是，我开始留意父亲读过的书。

可惜家里所存的书很少，现在我能记起来的一本是《水浒传》，一本是线装的旧书《儒林外史》。读这些书，我最爱看的是故事情节，什么"有诗为证"之类的一概不看，也看不太懂。《儒林外史》是我读得最吃力的书——那是我爬上扶梯从昏暗的阁楼里翻出来的，书页已经泛黄，内容是竖排的繁体字，初读时很不习惯，但家里实在找不出可读的书，只能将就着读，连蒙带猜地读，实在读不懂的直接跳过，即使如此，范进中举的疯魔、胡屠户打女婿后颤抖的手等情节依然让我忍俊不禁、浮想联翩……

也许是怕耽误学业，家人并不鼓励我读课外书。因此，我经常趁父亲劳作或午休翻开他放在枕头边的那些书，断断续续地读着诸如《说岳全传》《隋唐演义》《封神榜》等书，每次读上几章，心里就特别满足。

与我国传统的通俗小说相比，连环画读起来相对轻松有趣。记不清是哪个春节后，我第一次拥有自己的故事书，依稀记得书名是《小黑石和小青石》，有趣的故事配上好看的图画，叫人心生欢喜。我反复摩挲着书页，一边读一边将自己代入故事。这是我读的第一本真正意义上的儿童文学作品，虽然内容早忘了，但从此一颗叫"儿童文学"的种子在心头悄然发芽。

在"一件难忘的事"中顿悟

学校一放假，我就往外婆家跑。因为那里有我的乐园——房前屋后的果树，家里的小猫小狗，还有与我年龄相仿的玩伴。不过，最吸引我的还是表姐家的《少年文艺》，那么一大摞高高地堆在书桌上，像磁石一样让我移不开步，直到我将它们一一读完。

那时农村还在吃大锅饭，农忙时大人们去田间地头劳作，孩子们在晒谷场负责看守生产队的稻谷——防止鸟雀和鸡来偷吃。而我，有幸得到了这份美差，于是一边看书一边沿着晒谷场四周巡视。没想到书读得入迷时，等听到一阵叽叽的呼朋引伴声才后知后觉地发现晒谷场已经被鸟雀占领——看着这一幕，我哭笑不得。有时，走在放学的路上我也忍不住翻开书读上几页，常常没留意到那些开满野花的田埂并不平坦，脚下一滑之际也曾引来小伙伴们的拍掌大笑。

在伙伴们善意的笑声中，我的读书故事也在文字中悄然发酵。

一节写作课上，见同学们盯着"一件难忘的事"愁眉苦脸地咬笔头，教我小学语文的周老师就从作文选之类的书上找到几篇写事的作文来读。听过几遍后，我灵光一现，我的脑海中不觉跳出了那偷嘴的鸟雀，那田埂上差点儿摔跤的镜头，于是赶紧拿起笔……没想到两天后，作文竟然得到了老师的表扬："虽然模仿了别人的写法，事例却真实有趣"。从此，那些读书的故事使得我的作文常常在班里被当作范文读，而我也悄然完成了从阅读者到写作者的身份转换。

朱清珍、张舍清是我读初中时的两位语文老师，他们都是文学爱好者，写诗、写文章更是得心应手。从中看出，阅读与写作是语文老师的关键能力。教学生写作，要么给学生一个可模仿的范例，使之有读写支架，就像我的小学语文老师；要么作为写作的支持者，善于发现学生写作中的困顿，帮助学生在真实的写作情境中实现语言运用，进行审美创造。

一头扎进学校图书馆

14岁那年,我走进庐山五老峰下一个叫"九江市海会师范学校"的地方。学校在山腰,茂林修竹掩映、茶山起伏,算得上是世外桃源。课余时间,我流连于学校图书馆——现在回想起来,当时的学校图书馆大概只有一间教室大小,一排排书架上整齐有序地摆着古今中外的文学名著。

这里的书多得令人眼花缭乱,我一头扎进其中,用自己有限的阅读经验去搜寻课堂上老师说过的、课本上出现过的以及同学们谈到的那些书名……《子夜》《青春之歌》《复活》《安娜·卡列尼娜》等中外文学名著逐渐进入我的阅读视野。那些意料之外的情节,那些鲜活的人物形象及动态的画面引发我的无穷遐想。我开始思考作家、作品与书中人物背后的故事。这些阅读体验不仅提升了我对文字的敏感力,还让我在文字、文学中悄然完成了另一种意义上的成长,使得我在以后教学生阅读与写作时拥有了一颗"文心"。

我深深地感激我的老师,他们引领我走进文学的殿堂,成为它的朝圣者。多年以后,当我成为老师,站在讲台上与学生们一起进行整本书阅读时,我却迷惘了——这些泡在蜜罐中的孩子对于随处可见的图书馆、书店以及随手可得的经典文学作品并不在意。此情此景总让我想到小时候的我因家里无书可读时想方设法找书读的情景。我想,这是兴趣使然,也与当时的物质生活贫乏、精神生活匮乏有关。当下,电视、网络的出现,便捷的电子阅读逐渐取代了纸书阅读——公交上、地铁上,甚至家人聚集的餐桌上,所见最多的是不同的手指在不同的手机屏幕上"滑行"的场景……所幸,孩子们还在读纸质书——他们的老师在用师生共读、整本书阅读指导课激发他们的读书热情。

只是,当阅读成为学习任务,变成"要我读"时,阅读,也许不再是一件赏心乐事,而是走马观花、浅尝辄止。该给学生怎样的阅读生活?是如我小时候一样不加选择地读,还是依据学生的认知特点、成长需要有选择地读?于是,我根据自己多年来的读写实践经验,先后写下了《如何指导小学生课外阅读的教学关键问题》等文章，帮助更多的像我这样的老师去提升孩子们的读写品质。

带着"读写"去旅行

基于教学需求，我开始读教学理论杂志、教育教学专著。为解决教学问题而读，为论文写作而读，为理论溯源而读。这读，少了一份少年时光读书的闲适、青年岁月读书的痴迷，却多了一份对学科的理性思考。

纵观我的读写旅程，最初，我忙着在阅读中构建自己独有的精神世界，后来在"读写结合"中为小学生破解写作的难题：坚持以"读中学写"的方式引导学生爱上阅读，喜欢写作，鼓励学生将阅读中学到的写作方法运用到作文中，且仿中有创；深耕课堂，将教学问题转化为科研课题。18年来，我以"读写"为主题，带着团队成员持续而深入地开展了7个省市级课题研究；指导学生先后发表400余篇习作……就这样，带着"读写"去旅行，一路读，一路写，我的读书故事写在课堂上，写在作业纸上，也散落在报纸杂志上，变为不同的读写样态，照亮师生的学习生活与梦想。

变为教育叙事：我愿意《轻轻地走近你》，因为《你是我的少年老妖》。《面对课堂别样的声音》时，希望你记得《给学生一支爱写作的笔》。我写生活中真实的见闻感悟，也写想象中的事物。

变成教学赏析：在《那些不必言说的温暖时刻》，我愿意《用善良去温暖他人》；走过《孙双金〈老人与海鸥〉教学赏析》，走向《汪智星〈巨人的花园〉教学赏析》，将教学的关注点由情感体味转向文体特征。

变成读写论文：在语文课上，我们《在文言文中穿行》，不仅可以《结识古文里的聪颖少年》，可以《学会积累和运用》，还可以《跟着课本学作文》，从中《解读作文密码》，破解《开学了，写什么》这一难题，使《愿你也能写出有味道的故事》成为现实。

变成读写案例：在《同步习作》编写过程中，我悄然完成了从写作者到写作支持者身份的转换，以《走进〈童话〉教学设计及点评》《作文指导课〈难忘的第一次〉》等读写案例，为学生们打开了读写之门。

　　纵观自己的整个成长经历，从由父亲的故事"喂养"，到被中国古典文学名著滋养，直到成为一位专注于读写研究的省特级教师，读书不仅改变了我的人生，也因我的职业、我的研究而间接影响了我的学生们——他们中有不少人后来加入了教师队伍，继续用读写助力学生核心素养的提升。

　　　　　　　　　（赵红英，南昌市百花洲小学　特级教师、正高级教师）

特级教师黄筱红的读写故事

　　我读的书不多。长期以来，每读一本书，都是用小学生学教材的速度来读的，因而读得极慢，数量少得可怜。究其原因，也许与小时候没钱买书有关，一本书在手，总是翻来覆去端详，想着：不要一口气读完，读完后哪有那么多钱买书？那是在 20 世纪 70 年代中期。

　　盛夏，爸爸厂里分西瓜，馋得人直流口水。绿油油的西瓜搬回家，放在竹床下通风处，挑熟一点儿的放进水桶，巴巴儿地盼它赶紧变凉。南昌是出名的"四大火炉"之一，盛夏酷暑难耐。晚饭后，诱人的西瓜切开了，红瓤出沙啦！家里兄弟姐妹多，为了避免孩子争抢，妈妈一声令下："都别眼馋，我来分。"她将切好的西瓜"包干到人"——爸爸是一家之主，"顶梁柱"两块；弟弟最小，尊老也要爱幼，两块；姐姐、哥哥、我，一人一块；妈妈扫尾，吃边角料或切瓜时掉下来的部分。为了避免吃完后要眼巴巴地看着在案板上不属于我的"第二块"，我总是低下头，以最慢的速度一点一点"蚕食"手中的瓜，绝不"鲸吞"，以免让"猪八戒吃人参果"的一幕在自己身上发生。这种"包干到人"的方式也常常出现在餐桌。以至于长大后，不论走到哪里，我吃饭都慢得出奇。用妈妈的话是"你在数米粒呀，别人三餐饭都吃完了，你的一碗饭还在手上"。呵呵！可想而知，我读书，也像吃瓜、吃饭一样，是特定时期形成的习惯。

　　自小，我都是踩着读语文书，上语文课的节奏，读着为数不多的连环画和书报杂志，如《少年文艺》《儿童时代》。那速度，一周也就看一两篇或者十来页。由于书不多，我常常对字典等工具书翻来覆去地看，这也在不经意间形成了一个我的拿手绝活——查字典时，可以从不用拼音或者部首索引，厚厚一本字典在手上"哗啦啦"快速翻转，几秒钟就能找到要查的字。在学校的基本功比赛中，我曾拿过查字典比赛第一名。

长大后，我几乎不看小说，也许在内心深处一直觉得看纸质小说是一种奢侈吧。我选择听小说。听，也是一种读——耳读，更口语化、更接地气，可以边吃饭边喝茶读。儿时和哥哥弟弟一起听过的小说、评书很多，有《夜幕下的哈尔滨》《高玉宝》《岳飞传》《隋唐演义》《杨家将》等，省时、省纸张、省眼力。那时大街小巷流行听评书，记得家中客厅一南一北的墙上，分别贴着名将岳飞和杨再兴的画像。听多了评书的人，自然会产生侠义之情、忠肝义胆。

长年的耳濡目染，骨子里的我豪情万丈，如"拼命三郎"。每当听到《满江红》《精忠报国》等歌曲时，我就热血沸腾，慷慨激昂，磅礴的气势让听者觉得这与平常文文弱弱的我判若两人。我想，这就是中华优秀传统文化的力量和气魄，这就是赤诚丹心的表达。

虽然读的书不多，但我对包书皮的印象却特别深。学校发新书了，各年级各班老师便布置包书皮的任务。数一数，我6本，你7本……父母犯难了：家里哪有那么多包书纸？挂历纸、画纸显然不够，在商店小卖部工作的妈妈就积攒下客人废弃的整条香烟外包纸张，一张一张摩挲抚平。有打了蜡光滑坚挺一些的，有没打蜡软软皱皱的。外包纸张一般都是草黄色，很难遇到彩色的纸张，那是一种奢侈。

妈妈将纸分配给四兄妹后，我们便开始认认真真包书皮。对折、压印，在中部的上下处，还得各剪出与"书脊梁"等宽的"小耳朵"，前后包上封面、封底，最后为四个角折角……爸爸的字写得好，他一一帮我们写好科目、班级、姓名。我往往用最扎实、最美丽的纸包语文课本，然后是包数学、音乐、美术、自然等课本，语数练习册也是要包的。包书纸用完了，有的书便不能穿上"新外衣"了，要用上学期的老套子套，有的边沿都破了，我都觉得很对不起这本新书，就像过年时，父母没能力给自家的小孩添新衣般自责。于是暗下决心，要读好这本书。南昌人有句俚语说"读书读到书壳子上去了"，是笑话不会读书的人的。但我印象最深的却是"书壳子"。能对"书壳子"这么虔诚而怀有仪式感的人，对书的热爱也必定不会少。

记得从学校调到教研室工作后，同事推荐我读小说《山楂树之恋》。过了两周，她忍不住问我读完了没有。

我大惊："怎么可能，少说不得半年吗？"

"啊，你看书这么慢呀，这本书我一个晚上就能看完。"博览群书的同事不解地说。

我又大惊："不会吧，还可以这样读书的？"

在吃惊中，我的观念被改变了。原来书不是都得和读教材一样读，是可以一口气读完的。如饥似渴般读完的感觉，真是酣畅淋漓呀！

读书的方法，自古以来林林总总。朱熹提倡"熟读精思"，陶渊明提出"不求甚解"，苏轼认为"一意求之"，欧阳修"计字日诵"，韩愈"提要钩玄"……到我知道这些时，已经老大不小了。但能在书海里遨游，每一种泳姿都是美的。

做语文老师多年，有些家长到我这里取经或抱怨，说孩子到书店买书时挺有兴趣，但等把书买到手，拿回家了，就不见孩子翻了，整个儿摆在书架上"睡大觉"。于是决定不浪费钱，不带孩子去书店了。我说，孩子喜欢上书店选择购书，就是在阅读、在比较，这是件好事情。我们要学会珍惜这个过程，多多陪伴、鼓励，买书也是读书过程的一部分。愿意买，体现了孩子对书有一份牵念，买来书不读，也别难过，没读，只是没到合适的时候。不要总拿这个当"小辫子"揪，落下埋怨，否则会把孩子的兴趣"揪"光的。

如今，生活条件好了。我发现自己是如此爱买书，也许是为弥补童年的不足吧。出差带书，出门逛书店，会友送书……张潮在《幽梦影》里说："读经宜冬，其神专也；读史宜夏，其时久也；读诸子宜秋，其致别也；读诸集宜春，其机畅也。"经，儒家经典；史，历史；子，先秦诸子；集，诗词文集。"集"适宜在春天读，因为此时可以读出诗文的盎然生机。"史"适合在夏天读，因为白昼时间长，读起来酣畅淋漓。读"诸子"宜秋，别有韵致。"经传"宜冬日独坐静读，深沉思索。于是我春日里带领师生一起开展"香樟子"谷雨诗会，夏天用行走的方式与家人朋友共"读"博物馆、纪念馆，秋天在校园开展"百家讲坛"读书沙龙，冬天煮一壶红茶，聆听线上线下的讲座，努力"啃一啃"经书。我家住在校园里，离图书馆不远，退二线了便想去图书馆再上四年"我的大学"。

一晃人过半百。我觉得，无论是饥荒年代，还是小康社会，爱书的人永远是富庶的——精神上的富庶。他不会孤独，他可以通过或多或少的文字，和古今对话，和圣贤对话，和天地对话，丰盈自我、充实自我。儿时，学校发过一本诗词经典口袋书，开篇的壮志豪情令我荡气回肠，为之动容：

风萧萧兮易水寒，

壮士一去兮不复还。

如果说阅读是在向外看世界，那么，写作便是在向内塑造自我。

很可惜，我写得不多。应该说从前没有自觉主动地去表达，当我意识到这一点时，已年过半百。想到从自己眼前、足下溜走的日日夜夜。走过的路，遇过的人，发生的事，都不曾用笔记下来，甚是可惜。好在我运气较好，读书时，语文老师总能最先记住我，工作后也一样，因此被授命写了不少文字，有主持词、各类总结、论文、课题报告、经验交流、发言稿，还有单位表扬信、聚会倡议书、证婚词等。想想等哪天空闲下来，我应该要把这些文字整理整理，结集为《四季》吧，因为若干年过去了，若干我的春夏秋冬过去了，是这些可贵的文字保存了我的记忆。感谢有文字记录的岁月！

写作这玩意儿，是不是有赖天赋我真不知道。但记得年少时，我的作文本就频频被老师折角，用作讲评示范。初中时，我的一篇文章还曾经被老师推荐发表在《南昌日报》上。那个年代刊物不多，但文学爱好者众多，发一篇文章真是不容易。以至于 30 年后我再去看老师，老师一眼便认出了我，并说"你的文章我帮你投过稿，发表过"，我一直很感动。上了师范学校后，我投过两篇稿《繁星》《葡萄架》，都登载在《中师语文》上。工作时发论文也没有碰过壁，《小学语文》《小学语文教师》《小学语文教学》《语文教学通讯》《教师博览》《小学教学研究》《读写月报》等，几乎每投必中，真是吉星高照。20 世纪 80 年代流行交笔友，我收到过另一个师范学校笔友厚厚的来信，笔迹隽秀，其中还夹着他特意去照相馆拍的照片。可惜，奶奶将这事视为"洪水猛兽"，生怕自己的孙女被人拐跑，不准我回复，并把两次来信都销毁了，从此这个笔友便"杳无音信"。想象信那头的那个文艺青年，该是很受打击的吧。因礼数不周，怠慢了文友，我为此歉疚了许久。

工作后，写教案、论文的要求多了，获奖也就多了。我执教早，很早就拿满了区里各种教学奖项的积分。1995 年，西湖区举办首届"教学新星"综合类教学竞赛，参赛内容含教师八项基本功，不分学科，不分年龄段，全区教师均可参加，现场人才济济，盛况空前。这项比赛难就难在不分学科，语数教师字好、文章好，但才艺可能稍逊；音体美教师有特长，但写作能力可能不如语数英教师。赛事内容多，周期长，大家压力都很大。

我记得当时的我正怀着孩子，我力克身体不便，除了必考项目上课、说课，在特长类一栏填报了粉笔字、乒乓球，在实践类一栏填报了出黑板报、演讲。最终，我在"教材分析""论文撰写"两项单项比赛中拿了全区第一，全能总分名列前茅，从此在西湖区教坛立足。当年的奖品是一床踏花被，虽轻却暖，快 30 年了，至今还铺在我的床上。后来女儿出生，她一直干啥像啥，全面发展，曾获保送清北的资格，属于大家眼中的"别人家的孩子"，我笑着说可能要归功于当年全面开花的备赛。太"卷"固然不可取，但准妈妈适当动动脑，写写文章，也许是最好的胎教。

要写，就记梦吧。生命里第一个爱恋的对象应该是自己，写给自己，与自己对话。在书写中见过往、见当下、见未来，见人、见物、见生活。因为懒，疏于动笔，我偶尔会想到用最少的字句写话表达。我有两个微信号，一个名曰"二十四桥"，一个名曰"若木"，都是因热爱教育而命名的。教育像桥，每天24小时都可以发生，每年二十四节气都可以滋长。教师起着连接沟通的作用，青蓝相继，引领人类走向美好的未来。若木，传递我提出的"树·人"教育主张，像树木一样成长。中国的"自然"与中国的"人"，合成一套无处不在的精神密码，教育中也是如此。"树·人"是与自然相处的智慧；"树·人"与品性，是物我之间的成就成全；"树·人"与文化，是活态传承与内在凝聚；"树·人"是美学，可以赋予寻常成长以价值意义。如果说，"二十四桥"是我不舍昼夜做教育的勤勉态度和方法，那么，"树·人"就是我做教育的绿色的追求和梦。

要写，就"传韵"吧。2016年11月5日，名思教研汇聚海峡两岸上千名师生，在江西师大瑶湖校区开展儿童阅读"点灯人"高峰论坛，我主持了其间的评课环节。当时，全场师生直追一颗"星"——林清玄，我幸运地拿到了他亲笔签名的书，并与林老合影。教师和作家，都是在以书育人吧。"钟期既遇，奏流水以何惭"，激动之余，我便依《醉翁操》试填了一首词《水云间》：

> 琅然，清弦，谁弹？响杏坛，林泉。师生醉况知其欢。月淡霜冷悠悠云烟连。玉钩挂青蓝，日有心也哉此贤！
>
> 论玄启智，清音雅言。似莲若现，不辩无事莫看。思触之而追远，意念之而弥坚，云天皆浩瀚。瑶湖迎高贤，暖意笑开颜，化生春雨绿阶前。

填词平仄弄人，往往词已穷而意未达，总会折腾得你"花儿都谢了"。但我依然钟情这点点墨痕，在凝练中有着一种"言已尽而意无穷"的留白之美。"有余音谓之韵"，今天翻出来再看看，虽是生涩，但还是越看越欢喜，中华文化之"韵"果然绕梁恒久。

感谢智星约稿。原以为，我读写都不多，故事没得聊，但不承想，一聊倒是聊了一大箩筐。看来，书一页一页地读，字一个一个地写，日子一天一天地过，终是可以积少成多的。

积少成多的岁月让人回甘绵长。当年没有太多西瓜分吃的四兄妹，长大后依然兄友弟恭。吃一块瓜的姐姐、哥哥很有责任感，吃两块瓜的弟弟很有爱。读书写作也是如此，不论一二，数量不影响品质，有心、有情、有责任、有爱，便可酿成人世间的香甜。

朋友们，一起读吧，天下第一好事，还是读书，一年、几年、一辈子读下去；一起写吧，南窗书桌上的景泰蓝笔架旁，清浅横斜着几枝花，草木有本心，天青色等烟雨，只待你提笔。与君共勉！

（黄筱红，南昌市西湖区教师发展中心　特级教师、正高级教师）

特级教师林通的读写故事

从期刊开始的教育阅读

我最早开始教育阅读应该是在 2005 年，那一年我刚从乡村调入县城学校工作，遇到了一个好校长——官尚书。官校长是语文特级教师，尤其重视教师专业成长。在他的倡导下，学校有很多促进教师专业阅读的好政策。比如，学校为每位备课组长订阅了一本教育杂志，教师购买专业书籍，学校可以报销一半的费用等。官校长说，教学杂志、教育专著不应该放在图书室，而应该在老师手上。

我是政策的受益者。我清楚地记得，第一次订的期刊是《语文教学通讯》，就是通过这本期刊，我读到了于永正、贾志敏、支玉恒、靳家彦，读到了王崧舟、窦桂梅、薛法根、孙双金等名师的教学实录，在大师名家的语文课堂里，我感受到语文的壮美与辽阔，触摸到语文的温润与细腻。有一次，我们县的小学语文教研员张慧老师问我是不是热爱语文教学，我说我也不清楚什么是热爱，但是我挺爱看语文教学期刊的，那里面的语文课太精彩了，张老师肯定地对我说："这就是热爱啊！"

说实话，在 20 岁左右的年纪，我并没有想过语文于我来说意味着什么，只想着作为一名语文老师，好好上课，好好教学生就是了。但张慧老师的肯定，似乎在提醒我：我可以而且应该有更高的追求。也许我也能当一名语文名师，或者成为一名特级教师？当然，这些想法并没有在脑海中停留太久，但我一直坚持读期刊，而且我的阅读热情还影响了身边的同事。新一期的杂志到了，备课组里就会互相传阅，最后传到我的手上，常常封面都快脱落了，但丝毫没有影响我从中汲取营养。如今回想起来，很感恩官校长营造的阅读氛围，也很感谢张老师对我的肯定，对语文教学纯粹的热爱少不了他们在关键时刻的引领与点拨。

一个"雨"字写成的论文

读期刊时间久了，就会自然生发出一种感觉，感觉自己和文章背后的作者熟悉了，常常想：什么时候自己能从读者变成作者？记得有一天晚上，我读到余光中先生的散文《听听那冷雨》，文中写道：

> 杏花。春雨。江南。六个方块字，或许那片土就在那里面。而无论赤县也好神州也好中国也好，变来变去，只要仓颉的灵感不灭美丽的中文不老，那形象，那磁石一般的向心力当必然长在。因为一个方块字是一个天地。太初有字，于是汉族的心灵他祖先的回忆和希望便有了寄托。譬如凭空写一个"雨"字，点点滴滴，滂滂沱沱，淅沥淅沥淅沥，一切云情雨意，就宛然其中了。视觉上的这种美感，岂是什么 rain 也好 pluie 也好所能满足？

当时正好在教一年级学生识字，余光中先生对"雨"的思考给了我教学灵感。我们提倡识字与说话结合起来，倡导让学生在识字中感受汉字的美感和文化，如果借用这种思考来教"雨"字，结果会怎样呢？第二天我就在课堂上做了尝试，我把"雨"字工工整整写在黑板中间，问学生："看着这个字，你们好像看见了什么？"事实上学生早就认识"雨"字了，但一年级的孩子从不拒绝放飞想象力的机会。"我看见了雨点！""我看到了雨滴!""看,窗子外面,雨水一滴滴落下来!"

"真好,你们还听见了什么呢?"我接着问。"我听见了雨落下的声音!""雨下起来了,哗啦哗啦的!""雨滴打在屋顶上,啪嗒啪嗒的。"孩子们打开了话匣子。我接着又说:"想象一下下雨的场景,能把刚刚自己看到和听到的连起来说吗?"这时孩子们更活跃了。"下雨啦,雨滴从天上落下来,落到屋顶上,发出啪嗒啪嗒的声音……"

多么奇妙,从余光中先生文章中得到的灵感在课堂上产生了神奇的效应,也许这就是汉字的魅力。课后,我有一种很强烈的冲动,想把这一课堂的片段用文字记录下来。于是我先用一段师生对话的实录呈现课堂片段,然后写了一段自己的感受,全文不足千字。写好后,我把文稿发送到《小学语文教师》杂志的邮箱。那段时间,《小学语文教师》杂志有一个识字写字研究的专栏。大约过了一个月,我居然收到编辑部回复的邮件,邮件只有一句话——文章抓住了识字教学的关键,拟发 2011 年第 2 期。简短的一句话,我看了一遍又一遍。这是我自己投稿且顺利发表的第一篇教学文章,而且是《小学语文教师》这样的权威语文教学期刊,我既喜悦又激动。

这篇由"雨"字写成的论文带给我很大的启发。后来,我不止一次和年轻老师分享我发表这篇论文的故事,我告诉他们,要阅读,还要把阅读所得和自己的教学实践结合起来,这样你就会获得独一无二的教学感受,将这感受付诸笔端,那就是一篇有价值的教学论文。

扎根实践,读写才有生命力

随着时间的推移,我的教育阅读也不再限于期刊,进入我阅读视野的还有语文名师的个人专著,教育专家的理论著作,甚至心理学、社会学、脑科学方面的书籍。但是,让我感觉特别受益的还是那些贴近教学实践的书籍,比如王荣生的《阅读教学设计的要诀》、施茂枝的《语文教学:学科逻辑与心理逻辑》等。这些源自语文教学实践又略高于实践的书籍,对于一线教师来说,就像跳一跳就能摘到的桃子,不仅能改良自己的语文课堂,还能触发写作的灵感。正是在教育阅读和教学实践的滋养下，我的文章陆续登上了《小学语文》《基础教育课程》《江西教育》等刊物。

2014年前后，我和同事一起做"语文精读课自主学习教学模式研究"课题，其中有一项内容是研究如何指导学生预习。为了把这项研究做扎实，前期我们进行了大量的调研，了解小学语文预习指导现状。为了让数据更全面、真实，我们针对不同类别学校中不同教龄的语文老师开展样本采集。我和同事把自己任教的班级作为实验班，开展了近两年扎扎实实的研究，从研究预习指导课、预习检查课怎么上，到编纂预习学案，再到研究预习评价策略，一个看似并不怎么新鲜的研究话题，我做得有滋有味。

2015年秋季开学不久，我接到江西省小学语文教研员徐承芸老师布置的一项任务，她说教育部基础教育课程教材发展中心正在组织编写中小学学科教学关键问题指导丛书，其中小学语文学科交由江苏、安徽、江西三省编写，江西承担的编写内容中，有一章是谈如何进行预习指导。徐老师知道我在做相关的课题研究，决定让我撰写这一章。我深知这是莫大的信任，更是沉甸甸的责任。预习指导研究与实践做了这么久，我有一定的积累，但是要行文成书，而且是国家层面的学科教学指导性专著，我也感受到了前所未有的压力。

我带着团队梳理研究成果，在徐承芸老师的指导下搭建书稿框架。经过斟酌，我决定从分析小学语文预习指导问题开始写。首先结合当时问卷的数据对预习指导现状作深度剖析，然后针对问题结合实践的经验阐述小学语文预习指导的具体策略。书稿上交后不久就收到了反馈意见，徐老师告诉我审核初稿的是上海师范大学的吴忠豪教授，吴教授充分肯定了书稿对预习指导问题的分析，同时也提出了一些优化建议。权威语文教学专家的认可让我深受鼓舞，几次修改之后，书稿成功通过审核。之后徐承芸老师又再次给我机会，让我把书稿凝练成一篇论文，参加全国小语会的论文评比。不久，好消息传来，我的这篇论文获评全国一等奖并将被教育部主管刊物《小学语文》刊发。2016年的一天，我在学校图书室翻阅期刊，突然在一本刊物上看到了我的名字，仔细一看，原来我这篇发表在《小学语文》上的文章被中国人民大学书报资料中心的刊物《小学语文教与学》全文转载了。可能是平邮时间比较长，我在无意发现被转载后一个多月，才收到中国人民大学书报资料中心寄来的样刊。

说实话，当时我特别感慨，我甚至觉得我的成果已经超过了我的付出。仔细思量，为什么这样一项并不特别的研究，写成文章之后屡受肯定呢？我想其中的奥秘在于教学实践。无论是教育阅读，还是教育写作，只有紧贴教学实践，扎根教学实践，才会充满生命力，才是真正有用的阅读与写作，至少对于一线教师是这样。

2021年7月，"双减"政策颁布实施，这项政策给义务教育学校的师生带来了很大的影响。怎样促进这项政策更好地推进？我十分关注全国各地"双减"政策实施的相关情况，也围绕这一话题阅读了大量文献，总想写点儿什么，但又找不到抓手。2022年1月，徐承芸老师找到我，说江西省教育厅教研室针对全省15所小学近2500名师生开展了一次问卷调查，得到了大量数据。我一听就特别感兴趣，在徐老师的指导下，结合问卷数据和我在学校工作的具体实践，我们合作写成了《"双减"政策实施后师生现实状况审思——基于对江西省部分小学师生的调研分析》，文章被教育部主管刊物《基础教育课程》发表并由该刊物的微信公众号推送后，得到了广泛关注。6月，该文被中国人民大学书报资料中心刊物《中小学学校管理》全文转载。

面对转载，我依然欣喜，但更多的是思考：教师应该怎样读写？教师为什么要读写？我脑海中冒出两个词语：一个是"理性的实践者"，另一个是"专业的表达者"。我想，当我们扎根实践，在教育阅读和教育写作的道路上齐头并进，我们就能成为理性的实践者和专业的表达者。到那时，我们就可以自信地说：我们是教师，大写的教师。

（林通，南昌市豫章学校教育集团　特级教师）

正高级教师高友明的读写故事

在我家书架的一角，我还珍藏着一系列电脑教程与编程类书籍，以及关于网页制作的指南。这些书的变迁，不仅见证了信息技术的日新月异，也反映了我职业生涯中的变化。尽管我曾就读的是英语专业，但我始终对电子信息怀着一颗热情的心。我的阅读偏好与专业背景似乎格格不入，在这个不断发展的信息时代，我始终坚持通过学习和探索，不断拓展自己的知识边界，让每一本书都成为我智慧之路上的里程碑。

初出茅庐：树立争先意识

1993 年，我从南昌师范学院外语系毕业，刚毕业时，心中难免有些许茫然。当年，教师并非我的理想职业，我总想以此为跳板，期待未来的转变。按照当时"从哪里来，回哪里去"的分配原则，我本应被安排回进贤县，我当时的最大愿望也是能够留在进贤县，进入进贤一中或进贤二中任教。然而，当拿到派遣单时，我却发现自己被分配到一个我从未听说过的地方——进贤县长山中学。那一刻，我心中五味杂陈，无法接受这样的安排。于是，我们全家开始四处奔走，寻求各种关系，希望能够改变这一结果，但得到的回答都是无能为力。

在新学期报到的那天，校长邀请我与他共进晚餐。那位深受我们敬爱的老校长，始终把学校视为自己的家。学校坐落在山坡上，在全县范围内，除了县城的学校，长山中学的教学质量可以说是名列前茅。

当年，我的身边汇聚了一群朝气蓬勃的年轻人，而年长的教师总是耐心地向我们传授班级管理的智慧。他们时刻提醒我，与我同年级的两位教师教艺高超，他们任教的班级的平均分总能比其他班级高出20多分。作为一名新老师，我应该向他们看齐。因此，我立志要塑造出优秀教师的形象。

1993年，我们迎来了新教材。与老教材相比，新教材注入了大量的口语和对话训练内容。一踏入课堂，我很快发现大学所学的知识捉襟见肘，我教的知识学生总是难以掌握。我对此感到困惑：为何如此简单的内容对某些学生而言却是难如登天？这让我反思，其实问题不在于学生，而在于教师，我决定加强学习。我利用周末的时间坐车前往南昌购买教学参考书，按照教学参考书的方法，依葫芦画瓢地尝试。如果一节课效果不佳，我就再加一节课。当年学校实行早读和晚自习制度，周六也上课，时间充裕，我渐渐地跟上了教学参考书的节奏。从 warm-up 到 presentation，再到 drill、consolidation 和 extension，由于备课抄写的次数太多，我甚至可以把教学流程背诵下来。经过一年的不懈努力，我任教的两个班级，其平均分长期稳居年级第一、第二名。初涉教坛的我，逐渐用英语专业特长证明了自己，并在新教材的指引下确立了自己的教学风格。阅读，不仅让我站稳了三尺讲台，也为我的职业道路从乡村中学走向县城中学奠定了基础。

驿动的心：拥抱信息时代

县城每隔几年都会有教师招考，我最大的愿望就是通过招考，进入县城的中学。我考了高中教师资格证，每天坚持收听 VOA special English，在课堂上，也尽可能多地使用英语进行教学，终于，努力得到了回报。在学校的推荐下，我在全县公开展示了一节英语课，经过专家评审，荣获了一等奖，这次经历让我更加坚定了自己的信念：只要努力付出，就一定会有回报。

毕业一年后的暑假，我和新建区的一位大学同学怀揣着对南方的憧憬，带着 1000 元踏上了寻找更好工作的旅程。其间，最让我们印象深刻的是在格力工厂的面试经历。面试人员询问了我们几个问题后，突然问我们会不会操作电脑。我坦诚地告诉他，我们在大学时只接触过手机，对电脑操作并不熟悉。面试人员直接告诉我们，不会操作电脑的人他们不要。

我和同学相继回归学校。每当夜深人静时，格力面试的场景总在我脑海中挥之不去。我不禁自问：电脑操作技能为何如此重要？于是，我下定决心要投身学习。我购买了五笔字型和 WPS 等学习课程，开始了艰苦的学习之旅。我在小霸王学习机上完成了第一次编程语言的学习，也收获了无尽的知识与技能。老校长见我好学，于 1997 年花费 14000 元购置了一台当时最先进的 586 多媒体电脑供我学习之用，我也义不容辞地承担起为学校打印蜡纸的任务。

后面的学习节奏就更快了。记得有一次过年，我提前回到学校，为了学好 Photoshop，三天闭门不出，对照着教程和视频，到最后，我的眼睛几乎看不清了。几年里，我学习的内容较广，如网页制作、音视频剪辑、数据库等，对信息技术的热爱和执着让我很受益。2002 年，进贤县实验学校筹建之际，全县范围内选调初中老师。我凭借在初中信息技术领域的优异成绩，成功选调入该校，完成了我的夙愿。

在进贤县实验学校工作期间，我报考了江西师大英语专业的自学考试。一年内我成功完成了除二外日语外的全部课程学习，日语耗费了我三年的时间，这让我深刻理解到，如果缺少听、说、读的全面参与，语言学习将是极为困难的。在我拿到毕业证书时，万华全校长破例奖励了我 3000 元，这也逐渐演变成了学校的一项制度，鼓励着我们每一个老师不断自我提升，自我成长。

逼上梁山：工作转型促自我挖掘

自学考试的这段经历，无疑是我人生中一笔宝贵的财富。其中，我最为珍视的是对外语教学法的系统学习。那些看似枯燥的理论知识，我通过不断地强化背诵，真正实现了内化于心。正是这段学习的积累，让我奠定了坚实的理论基础，以至于在南昌市第六届园丁杯比赛中获得了"教学能手"的称号。

2010年，县里推荐我参加南昌市第六届园丁杯竞赛，我幸运地荣获初中英语组笔试和课堂教学两个一等奖，并评上了市学科带头人。随后，南昌市教研员肖君老师征求我的意见，询问我是否愿意前往东湖区担任教研员一职，接替即将退休的张琪老师。面对这一崭新的机遇，我深思熟虑后决定尝试。毕竟，在县城的工作虽然已有一定成就，但感觉进步的空间已逐渐缩小。

2012年3月，我与初中语文教师万远芳一同加入了教研员的行列，肩负起初中教学的组织与管理工作。在东湖区每年举办的骏马杯比赛中，我们都会遵循惯例进行专家点评。在一次点评会上，轮到我站起来发言时，我发现许多教师起身离座，这一幕让我深刻体会到教研员这个职位的不易。教研员不仅要自己能教好，还要有能力指导一线教师，没有真才实学，确实难以胜任。为了充实自己，我开始利用单位每年提供的300元购书经费，深入钻研英语基本理论、课程标准、外语教学法及教学策略等方面的知识。我在广场新华书店翻阅了大量英语教学类书籍，并将重点内容记录在两本笔记本上。然而，我深知，仅仅将知识记在本子上是不够的，更重要的是将其铭记于心。于是，我开始有意识地背诵这些内容，坚信只有真正内化于心的知识才能成为自己的东西。

为了紧跟时代步伐，我还长期订阅了《中小学外语教学》《中小学英语教学与研究》《英语学习（教师版）》等知名杂志，了解最新的教研动态，确保自己始终站在时代的前沿。系统的理论学习，再加上我多年的教学经历，使得我在指导和辅导教师进行教学和课程设计时更加得心应手。东湖区的英语教学教研也逐渐取得了一些成绩，多名教师获得国家、省、市各类竞赛一等奖，4 名教师获"园丁杯"教学能手称号。我清楚地认识到，作为一名教研员，学习的步伐一刻不能停止，只有始终保持着对新知识的渴望和对自我提升的追求，才能更好地服务于教学、服务于教师。

与电子书的结缘：拓展阅读范围

在 30 余年的教育工作中，我阅读的书目主要集中在英语和计算机两类上，鲜少涉猎其他领域，仅有两部小说给我留下了深刻印象，一部是钱锺书的《围城》，其开篇一句便引人入胜，让人欲罢不能；另一部是巴金先生的《家》，高中语文老师曾强烈推荐我们阅读。

一次偶然的机会，朋友从外地带回了一个 Kindle 电子书阅读器，这为我打开了一个全新的阅读世界。Kindle 的墨水瓶显示技术不仅保护了我的视力，还能随意放大字体，让我在阅读时倍感舒适。更让我欣喜的是，互联网上有许多读者联盟提供的丰富书库，让我能轻松找到心仪的读物，微信读书 App 也免费提供了许多经典书目，如《追求理解的教学设计》《大概念教学》等。借助 Kindle 和微信读书 App，我的阅读范围逐渐从专业书籍拓展到了更广泛的领域。我开始阅读陶行知、杜威等教育家的作品，并从中发现了一些令人振奋的观点，例如我们目前所倡导的"做中学"，其实早在 20 世纪就被杜威先生大力推广。此外，我还涉猎了季羡林的《牛棚记忆》，陈忠实的《白鹿原》等经典著作。在阅读《牛棚记忆》时，我被季羡林先生那段在特殊时期的坎坷经历所感动，他的坚韧和乐观让我深感敬佩。同时，我也开始思考自己在教育工作中可能遇到的困难和挑战，以及如何以更加积极的态度去面对和解决这些问题。《白鹿原》这部小说让我不仅了解了那个时代的社会风貌，还对人性有了更深刻的认识。

从文科专业的学子蜕变为电子阅读的倡导者，从乡村的讲台到市区的教研殿堂，我的内心始终坚守着技术与知识的力量。对理科的热爱和对信息时代无限可能的向往，不仅构筑了我的职业轨迹，更引领着我阅读习惯的变革与自我成长，这是我与时代共舞的旅程。

长久以来，我深知自己在语言表达和书面呈现上有所欠缺。正如汪智星老师所指出的，这源于我训练不够。刚开始工作时，我常依赖于复制粘贴撰写文章。然而，自从步入教研员的行列，需要写作的内容大幅跃升，大量的写作实践使我在写作上获得了一定的成长。然而，与单位中的大咖相比，我仍感到自己在语言表达上有着明显的不足，这也成了我日后追求卓越的方向。

正如英语教学法所强调的，高质量的输出源自高质量的输入。因此，我将继续向优秀的人学习，广泛涉猎不同类型的书籍，体验不同的人生百态，从而不断提升自己的语言组织与书面表达能力。这既是对自己职业生涯的负责，也是我对知识和智慧的追求与敬仰。

（高友明，南昌市东湖区教师发展中心　正高级教师）

市级名师李芸芳的读写故事

　　说起我的阅读和写作的故事，要从我何以成为一名语文老师说起。师范学校毕业后，教语文还是教数学成了我职业生涯中的一道选择题。作为中学理科教师的父亲本着传授经验的想法劝我教数学，但我却本着对语文天生的热爱选择了教语文，我的理由是：可以把自己爱读的书分享给学生，多么美好。

　　说起爱读书这事儿，我是有些发言权的。在乡村长大的我，每个寒暑假都会跑去南昌市区，新华书店是我的必打卡点，无论家庭经济多么拮据，父母总是会满足我买书的愿望。当然，在书籍的选择上，我和父亲有些分歧。于是，在去师范学校读书以前，我有了许多"窃读"的经历：父亲书架上的《民间故事》每到一期我都会趁着父亲午休的时候偷偷阅读，再不留痕迹地放回原处；利用上厕所的工夫，我慢慢读完了冯骥才的《一百个人的十年》。小学的我不懂什么是纪实文学，总在盘算那些人物的命运到底是真是假，就是这份好奇指引着我不求甚解地读下去，记下了许多大作家的名字；在初中三年的语文课堂上，我不止一次因为翻阅小说、偷看父亲的《教师博览》杂志而被语文老师发现，但不知为啥他从未批评过我。

　　就这样进入了师范学校，没有了升学的压力，借助于学校图书馆的海量图书，我开启了任性自由的阅读时代。我的爱好很广泛，阅读也较宽泛，但很少深入阅读。经典名著会阅读，武侠神话也热爱，当代文学读起来津津有味，青春伤感文学也不拒绝。

2002 年，中等师范三年级时我经学校选拔参加江西省首届中师生名著读写大赛，近一个学期的备赛时间让我读完了许多名字熟悉却难以完整读完，更别提反复去读的书，如巴金的《家》《春》《秋》，老舍的《骆驼祥子》，钱锺书的《围城》，外国作家夏洛蒂·勃朗特的《简·爱》，艾米莉·勃朗特的《呼啸山庄》，欧内斯特·海明威的《老人与海》等。当时，学校组建了最好的导师团队指导我们备赛，读原著，知背景，借助导读啃读，写人物评论、电影赏析……我沉浸在经典文学作品的世界里。直到现在，我都会经常翻看这些作品，随着岁月的推移沉淀，我对人物的理解常常会有不同，也越发理解不同文化背景、不同年代的主人公对各自生命意义的探寻。

2005 年，我参加南昌市东湖区首届教师招聘，报纸上的招聘公告中告知面试中有说课环节。什么是说课？怎样才算是好的说课？新课标理念如何理解与落实？无人辅导的我来到新华书店，挑选了两本书，具体书名现已模糊，只记得其中一本是对语文新课标的解读。通过对比案例加解读的形式，我认识了不同理念下的教学设计。书中评析的文字为我打开了一扇大门，学生时代对《大纲·教材·教法》中的生硬理解似乎灵动了起来，"整体感知""品味语言"在我脑海中多了许多具体的教学片段。薄薄的一本书，我读了无数遍，包括其中的实录片段，我常常感叹于教师精彩的引导。书上满是我勾画的符号。2006 年，我参加学校第一次教学比赛，省教研员徐承芸老师惊喜于我的语言和灵动的师生对话，这些表现都得益于我的这些阅读经历。之后，我有机会到现场观摩众多小语界专家名师的精彩课堂，山西教育出版社出版的中华语文名师新课标·新课堂·新设计丛书就成了我入职初期最亲密的朋友，孙双金、薛法根、王崧舟、盛新凤、吉春亚等名师的实录我都一一购入，精读了一遍又一遍，许多设计环节到现在还记忆犹新。

我另外的心之所系就是我所在的南昌市百花洲小学图书室里的一批"古董"图书。说是"古董"，其实是过期的杂志线装版以及围绕着一篇篇课文的优秀教学设计合集（均由图书管理员把文章从杂志上复印下来粘贴而成）。现在，随着互联网的普及，文献搜索变得更加简单，百度一下、知网一搜，海量资源、优质文献唾手可得，可我仍然记得从图书馆借出优秀教学设计合集时的那一份小心翼翼，感受着学校一代代图书管理员的用心，生怕弄脏弄破哪一页纸让其他同事无法清晰阅读；也常常回忆起包里装着厚厚的杂志年度线装合集挤公交车奔波在上下班的路上的情景，那时的我晚饭后常常翻开杂志阅读，总也停不下来，不知不觉就到了深夜。

如果说，教师的专业阅读是一种自我修养，能帮助教师尽快提高专业素养，那对于语文老师来说，师生共读更是一项教学任务。读什么，怎么读，班级共读活动如何开展，更是考验教师的阅读选择与阅读策略。2019年商务印书馆出版的《如何阅读一本书》给了我很多启发，书中提出阅读有四种层次：基础阅读、检视阅读、分析阅读、主题阅读，让我主动对自己的阅读行为进行反思和复盘。上海教育出版社出版的吴欣歆《培养真正的阅读者——整本书阅读之理论基础》更是一本帮助一线教师进行整本书阅读实践的指导用书。书中对整本书阅读的课标解读、策略构建、指导方案、教学设计、评价工具等以举例的形式进行了细致的解构。近年来，我所带领的名师工作室关注"快乐母语"，聚焦"整本书阅读"，我们借鉴这类书中名著阅读表现性评价设计，将其融入学校整本书阅读展示评价活动中，以评促读。

当然，除了名师专著及杂志阅读，我所在的南昌市东湖区，作为江西教育的标杆，也涌现出一大批优秀教师，他们的作品也是我汲取养分的重要来源。其中，特级教师汪智星《卓越型教师如何修炼》《教育趁年华》等专著为我们清晰地呈现出特级教师的成长路径，激发我们主动与之靠拢的行动自觉。

前面谈的是我的阅读经历，而我的教育写作之路，最初则源于任务的驱动。

我所在的学校有一个传统：教师每周都要撰写一篇教学反思，内容可以是记录一堂课的设计亮点、精彩之处，亦可是反思自己的不足之处，对设计的再思考。教学反思强调一课一得，记录真实的思考，有时候教师写关于名师观摩、日常教研中的评课也是可以的。学期结束学校教导处会请资深教师对老师们的反思进行评优，评优次数也会记入教师个人评价。初次尝试撰写教学反思是在初到百花洲小学作为新老师的第一堂亮相课后。我还清晰地记得，当时我执教的是三年级上册的《金色的草地》一课，课后反思中记录了同事们的评课意见。随着教学研究的深入，我的反思内容渐渐丰富了起来，观名师课时会总结优秀评价导学语，或是对比赏析再结合班情提出自己的设计思考，当然更多的还是对自己教学实践的反思，反思本成了我撰写教学论文的素材库。一开始，我会在学期反思中寻找论文选题，再动手作文章。慢慢地，在学期初，我会先定好论文的选题方向，再从几个方面有意识地进行教学实践，通过反思让实践融入研究，无论是课堂教学还是论文写作，我这个新手都更加得心应手了。之后，我的学期反思得优篇数总是位列学校前部，那本反思本上的大红"优"字就这样激励着我不断前行。

我所在的学校是一所老牌教科研品牌学校，从 20 世纪 90 年代开始，学校就确定了"科研立校、科研兴校"的特色发展之路。校级领导带头做课题，学校教师人人有课题是百花洲小学的传统。2005—2006 年，学校在时任校长苏建华的带领下做学生自主学习的课题研究，每个教师都要结合自己的任教学科申报子课题。什么是课题研究？该如何着手？犯难的我借来同事的课题研究资料学习，看完后大概明白了一些，于是在模仿中开始了校级子课题的研究、申报。

2007 年，学校给每名教师购买了华东师范大学出版社出版的郑金洲所著《教师如何做研究》一书，在这本书的帮助下，我很快就进入了新竞聘的教科研干事这一角色。我认为这是一本帮助教师走上教育科研之路的教科书，也是工具书。此书聚焦"行动研究"这一方法，从研究问题的确定、研究的程序、研究方案的制订进行了翔实例证，并对教育日志、教育叙事、教育案例、教育反思等研究成果的表达形式的撰写进行指导。通过反复精读，我了解了如何规范撰写课题申报书、阶段总结报告、结项报告等材料，并开始真正有了选题意识。"发现了问题就是发现了进步的空间",这是苏建华校长经常跟同事们说的话,也是这本书阐述的做真实研究的出发点。我的课题研究能力、课题相关材料的撰写能力就是在这样真实的研究中得到提高的。2011 年,我被评为"十一五"期间南昌市"五五工程"科研型教师。

随后的日子里,教育科研一直伴随着我。我参与了学校在不同阶段的重要课题,无论是省级语文学科学生自主学习能力的研究,还是面对新时期生源问题利用同伴关系促进正能量迁移的研究,都是大量的专业阅读与专业写作交织的过程。我围绕研究主题阅读大量前沿书籍、网络文献,边阅读边整理,作为多个课题成果报告执笔人的我更是在很多个日子里与咖啡、清茶相伴,那些深夜里敲击键盘的声音陪伴我一路走来,让我收获诗意教育的同时,也获得了理性思考、严谨研究的别样幸福。《教师如何做研究》这本书,在我的书架上陪伴了我整整 15 年,直到两年前,学校来了一名踏实勤奋且爱钻研的新教师,我将这本书赠予了她,希望能帮助她在职业生涯初期找到教学研究的乐趣与方向。同时赠予她的,还有已故著名教育家、中央教育科学研究所原所长朱小蔓的一句话:我希望,让我的研究流泻出自己对人生、对教育理解的思想小河,从此把我带到心仪之所,进行自愿的人生劳作。

随着岗位的调整,我经常要撰写各种总结汇报材料,如学期教学工作总结、学科教研特色提炼、语言文字工作汇报、语文名师工作室总结材料等,我常常会从论文撰写的角度,思考成果特色有几个维度,创新点在哪里,实施过程中的难点如何突破等,整合提炼,写成提纲,这个过程往往是最花费力气的。大致思路定好后,我便开始定大、小标题,反复揣摩,定稿后再行文。

当然,作为一名语文教师,我经常会写一些随笔、诗歌、剧本、演讲朗诵稿等,这些在业余时间里的任性表达也是一种积累,有时也能迸发一种力量,让我收获不一样的惊喜。如我执笔的剧本《夏洛的网》,孩子们倾情演绎,直冲区级奖项,并由此掀起一股校园戏剧热。疫情防控期间,我创作抗疫诗歌，为孩子们拍摄朗诵视频，发布在各平台上，宣扬了中国少年的力量。

不设边界的广泛阅读，让我热爱生活、心中充满诗意浪漫；持之以恒的研究式阅读，再枯燥也有啃下去的劲儿，让我收获理性思维，主动革新陈旧思维；扎根教学实践与研究的专业写作，让我不断反思，直面教育教学中的难题与困境，不断收获专业成长。

（李芸芳，南昌市百花洲小学　市级学科带头人）

市级名师舒雅的读写故事

荀子在《劝学》中说道："君子博学而日参省乎己，则知明而行无过矣。"其意为：读书，不仅是为了求新知，更是为了认旧己。

读写，有读，在读中不断反思，以读促悟，知不足而奋进；亦有写，在写中不断出新，以写提能，望远山而前行。

阅读·悦读·乐读

教师的专业发展有多条路径，阅读是必不可少的一种，它是我们照见自己的重要方式，是促进自我反思的重要契机，是打破固化思维模式，重构自我发展目标的重要手段。

一是阅读"贵以专"。

"为自己制订一个系统的阅读计划，是专业成长的必要条件。"这是我一直坚信并践行的。作为一名教师，提升自身的专业素养，不仅需要前沿的理论支撑，更需要专业的视角，这些都离不开阅读。怎样进行有效阅读？有一套属于自己的阅读系统至关重要。我们可以潜下心来，分析自己的阅读史，根据自身的阅读习惯、方式来审视自己读过的专业书籍，研究自己的读书目的和自己对专业认识的深浅，从而制订出适合自己的阅读计划。这些阅读计划不是简单地对阅读时长进行规划，而是应该在自己知识底蕴的基础上做出短期的目标与定位，然后运用相应模式构建起专属的阅读系统，这个过程可能比较缓慢，却能扎实地带你走进"阅读新空间"。这个系统中存在两种模式：自读和共读。自读，快速找到自己所需要的专业书籍，进行解读和研读，带着要求和问题去书中寻找所需的答案，提升阅读的高度；共读，和同伴共同阅读，共同研讨，形成一个读书交际圈，在不同的见解中更新自己的观念，同时总结适合的教法，拓展阅读的宽度。

还记得我刚入校教书的那一年，懵懂的我就如同讲台上的"菜鸟"，没有深厚的知识底蕴，不会教学，只能机械地跟着教学参考书摸索答案，解决问题。站在讲台上，手足无措的我很迷茫。虽然课后我努力地去找到网上各类教案进行琢磨，观看各类名师课堂，但始终浅尝辄止，在教学领域的大门前踌躇不前。但很庆幸，我遇到了我的第一任师傅——梅秀莲，她带着我打开了教学的大门。她给我的第一本书是一名特级教师写的教学设计，上面从备课、解析到学情分析、单元解读完整且详细。她说，我们可以走出自己的认知，看看那些"巨人"是怎么做的，踩在"巨人"的肩膀上去看，你会有不一样的收获。在师傅的细心教导下，我开始大量阅读专业类书籍。我发现，同一篇课文，不同的名师有不同的解读，不同的教法，有时看到好的教案，我便把节选摘抄下来，然后拿去和师傅讨论。渐渐地，我对教学开始熟悉起来，听着别人的课，甚至能知道他下一步要怎么教。因为阅读，我从教学"小白"蜕变成了教学"能手"。

我的第二位师傅——汪智星，他给予了我关于读写的新认知。他的读写经历时常让我钦佩不已，我佩服于他对阅读、写作的执着，他在集体备课中滔滔不绝的言论一直促使着我在教学中不断前行。他说，要做就做最好的自己，做最好的自己，旨在不断挑战自己，超越自己，实现自己。于是，我在阅读中有了阶段性的目标，努力足够了，接下来就是每一次努力的方向。师傅总是用亲身经历告诉我读书的"妙处"，渐渐地，我在他的话语中找到了自己阅读的方向。每周一次的集体备课，逐渐成为我展示的舞台，从默默不语到侃侃而谈，一次次观点的更新，让我从教学"能手"升格为教学"高手";不断刷新的自我定位,让我开始初步形成了自己的"阅读系统"。随着年龄逐增,我对教学的理解逐渐深入,但是由于缺乏对人生的深刻理解,我的专业发展充斥着局限和狭隘。

我的第三位师傅——黄涟微,领着我寻找答案。她对教学的热情和豁达的人生态度,让我打开了自己的阅读格局。她说,一个人的阅读不应该止步于书本,应该超越书本。是呀,阅读给予我源源不断的能量,可是只有实践、试错、反思、凝练、总结、回顾,才能把读过的书内化成自己的东西。于是,我开始尝试构建自己阅读系统的"新阶段"。

三位师傅给予我不同阶段、不同领域的不同经历与见解,激励我从教师走向名师,从优秀走向卓越。

二是阅读"悦中得"。

精神世界的富足,不仅仅来源于专业领域的成就,更多地来源于将这些成就触类旁通地运用到其他领域。有了属于自己的阅读系统,便能举一反三,将其他方面也融会贯通起来,从而充实自己的精神世界。怎样让自己读够味?在广博的基础上兼顾精专,长期对某一领域进行聚焦性阅读,将自己的喜好精简化、精彩化,形成自己阅读的"后花园"。

于我而言,除教学所需的书籍外,我也热衷于心理学,从《自我效能》到《心理学如何影响世界》《读心术》,各类心理学书籍成为我闲暇时浏览的"百宝箱"。我开始由喜欢心理学,到慢慢钻研心理学,将爱好转化成内在的动力,潜下心来研究。我常常把自己从书中所学的知识运用到教学、生活中,比如观察人的表情、动作、语言,从而了解他们的内心变化,这些极大提升了我的教学水平。通过学习,我走进了学生的内心世界,成了他们的"知心朋友"。同时,我也开启了心理学科的"新旅程"。我考了心理咨询师、心理绘画分析师证,成了南昌市心理学科带头人,有了自己心理学上的教学主张、模型图。不得不说,我一直喜欢的心理学,让我对这个领域有了新的思考,也让我有了新的突破,它不仅为我的本职工作提供了有力的专业支撑,也让我在这个独有的"后花园"里有了一番"新样态"。

三是阅读"乐欢愉"。

生活中最惬意的时刻，莫不过独坐一隅，品一杯清茶，端一本闲书，静静读上一整天。没有过多的思考，也没有过多的追求，只是单纯地在书中找寻一份轻松自在，这是一种快乐。一本小说，可以让我笑上一整天，那些类似的生活情节，是我感同身受的；一篇故事，可以让我感动一整天，那些触及心灵的情感，是我时常感慨的；一部童话，可以让我思考一整天，那些稚气的天真唯美，是我偶忆的"往昔"。虽是闲书，却意义非凡，与什么人一块儿读，在什么时候读，都可以依着自己的性子来，这份欢愉、轻快、美好，更显怡然自得。

写思·写目

读，是成功的密码，写，是成就的基石。把在书中汲取的点滴内化输出，既读又写，"眼高手高"，才能造就卓越。

一是写中思悟道。

写作是需要思考的。《论语》中有言："学而不思则罔，思而不学则殆。"如何将学习和思考结合起来呢？有一个很重要的方法，就是写作。

作为一名教师，读固然重要，但写也必不可少，从备课到抄写教案到总结归纳，都需要不断思考、整理、记录。还记得我刚成为班主任的时候，遇到过各种各样的问题，经常是刚处理完，新的同类型问题又接踵而至，即使我努力在脑海中不断回想自己当时处理的方式、方法，但每次依旧措手不及，忙得不可开交。几经周折，我开始静下心来思考：为什么不把这些解决方法记录下来呢？俗话说："好记性不如烂笔头。"我开始用本子记录下班级管理中的大、小事情，并把相应的处理方式、方法一一附在下面。渐渐地，我发现，我面对接二连三的问题更加得心应手了。再后来，我发现这些问题有一定的规律，它们可以分为几大板块，归类总结后可以形成解决方法的常用套路。在这样的反复思考、记录、斟酌下，我形成了一套属于自己的班级问题管理法则。最好的写作，就是把自己所经历的记录总结出来。我想，这些法则便是我的教育实录，用文字记录下这一个个生动的故事，真切且难忘。我又将这些管理经验写成一系列文章：《我的一法则》《破窗效应——班级管理法则》《蝴蝶效应——班级管理共通体》等，均获得省市一等奖。著名教育家叶澜说过，一个教师写一辈子教案不一定成为名师，如果一个教师写三年教学反思可能成为名师。教师需要在专业发展中不断思考、总结，用笔书写的人生才能走得更远。

二是写中目致远。

写作，让我们的经验可言说、可泛化，让我们对教育的理解更清晰、更适切，让我们的"思想海拔"不断升高，最终修炼成自己想要的模样。这是教师写作的价值，也是改变我们的一种修炼方式。只要留心，一切皆可成为"笔下之物"。我常对学生说："一切事物，只要是你所看到的，皆可记录下来，这便是素材。"这句话也是我用来不断激励自己的。生活中随时记录美好，成了我的一种习惯。一次游玩的经历，写成出行的旅游攻略，便是一部人生纪录片；将儿子的一句句趣味童言化作他成长手册里一个个精彩纷呈的故事，书写了他的美好童年也留下了弥足珍贵的成长印记；将小说里一次深刻的读悟变成自创小说的新素材，在提升了创新意识的同时也锻造了笔墨功底，教育、生活中的点滴成为笔下一幕幕"人生大戏"。因为有了常动笔、勤动笔的习惯，现在的我面对任何文章的构思都"信手拈来"。但笔杆的"转动"不仅停留于此，笔尖的"行云流水"应该更加广袤，于是我在写中找到了自己要改变的"弱项"，比如政治类型的文章、公文等，这些有着一定高度、深度的文章是我写作之路上的下一个"挑战"。

读写的力量无限大。目及所致行至远，身欲前行书年华，读有所思阅人生，笔转乾坤皆精妙。这，不正是读写的真谛吗？

（舒雅，南昌市邮政路小学教育集团　市级学科带头人）

后　记

今晚注定是一个能迅速进入甜甜梦乡的夜晚。按照自己给自己定的要求——一年完成一本教育教学专著的撰写，我于2024年3月31日完成了自己第9本书稿的撰写，有点儿遗憾的是，这本书的撰写比原计划推迟了3个月。

什么原因导致了推迟呢？主观、客观上的原因都有，但无论什么原因，都是自己"食言"了。只能说明自己在和时间赛跑的过程中，又一次输给了时间，输给了自己。古人云：言必信，行必果。只要是自己说出的话，或是承诺在规定的时间内要完成的事，就得无条件完成，就得如期，甚至需提前完成，这才是一个成功者做事情应持有的态度。

这一次我"食言"于自己，下次还会不会出现类似的情况呢？还是需要对自己提出更严苛的要求。一个人只有极度自律，才能实现许多看似不可能完成的事情，才能在做一件件事情中创造出奇迹。试想，如果不因为各种理由拖沓，而是如期完稿，如此，一年一本，直至自己退休前的12年里，就可以再完成12本教育教学专著，加上前期已完成的8本，就能实现退休前撰写出20本教育教学专著的目标。如果一本书能惠及10000名教师，那么将有200 000名教师能从我的专著中获益，实现教学素养的提升。这真是一件颇有意义，甚至功德无量的好事。

为此，在完成本书"后记"的撰写后，我决定跟自己约法三章，以时刻提醒并要求自己认真对待今后人生规划中的每一件事。

想好了就做，做了就得有成果。

在准备做一件事前，自己要多思考，所做的事是否有必要。如果觉得所做的事有必要、有价值，就要坚持去做，放胆去做，不计条件去做。在做的过程中，无论遇到什么困难，都得主动积极去克服，以是否取得优异的成果来衡量最终成败。在做一件事中，如果过程看似在有效推进，但是结果未能达到预期目标，只能说明过程流于形式，或是推进过程中没有取得实质性成效。

不为做不好找理由，只为如何做好想办法。

一旦看准了的事，就得奋力去做，绝不为自己做不好或未达到理想状态找理由，而是要为如何做好、如何实现预期目标寻求各种可行办法。一以贯之，一干到底，不达目的誓不休，始终坚持主动积极、进取向上的做事态度。拥有积极的做事态度，事情的结果往往就能如期所愿。

要持续做一个跟时间赛跑的人。

朱自清笔下的《匆匆》一文，让我们看到了朱自清对时间的珍惜。对于我而言，今后的每一天，我都要积极地和时间赛跑。在做任何一件事时，尤其是在读书、思考、实践、写作中，一定要有跟匆匆而过的时间暗暗较量的劲儿。为此，在自己第9本书稿完成的同时，自己就得快马加鞭地思考、谋划，开始第10本书稿的撰写。一切抢在时间的前面，自己才会成为人生的赢家。

最后，对百忙中为拙著写序的中国教育报刊社副社长吕同舟先生表示真诚的谢意和由衷的敬佩！书中的第四章里，选了省内近年来先后被评为江西省特级教师的黄胜、钟事金、赵红英、黄筱红、林通，正高级教师高友明，市级名师李芸芳、舒雅撰写的各自的读写故事，在此，对他们的辛苦付出和大力支持深表谢意！对为拙著写推荐语的江西师范大学文学院院长、二级教授、博士生导师詹艾斌，江西省教育学会副会长、南昌师范学院二级教授、知名学者叶存洪，江西教育期刊社《江西教育》《教师博览》杂志社社长、编审方心田，表达最真挚的感谢！

今后的每一天里，我都将持续在"读写"中汲取无穷智慧与力量，实现自己更有价值的精彩人生。